¡BIENVENIDA A
ISLANDIA!

Vista panorámica de Reikiavik.

Volar a Islandia, un país definitivamente encantador, garantiza un cambio permanente de escenario, vivir emociones desconocidas, sentirse de repente como un privilegiado, alguien que ha visto y ha experimentado la sensación de estar en tierras que no se parecen a ninguna otra. Aquí, todos los elementos se unen o chocan para crear imágenes increíbles, paisajes únicos, diferentes, inesperados, que pueden llegar a parecer extraterrestres. A cada paso, te espera una sorpresa. Y aunque vayas en círculos, nunca tendrás la impresión de estar volviendo sobre tus pasos. En estas tierras, el cielo cambia cada cinco minutos, ofreciendo un espectáculo repleto de efectos especiales: nubes increíbles, luces inesperadas, arcos iris que se cruzan o superponen, auroras boreales.

Islandia es también una tierra joven y en movimiento, en el sentido estricto de la palabra. No hace falta ser un experto en geomorfología para ver las fuerzas que impulsan la corteza terrestre (la más joven del planeta) casi en directo. La población joven de Islandia también está en movimiento, lo que se traduce en una tremenda energía creativa y festiva. Una simple noche de viernes en Reikiavik bastará para convencerte.

Por supuesto, la idea de pasar el verano (por no hablar del invierno) al borde del Círculo Polar Ártico puede echar para atrás a algunas personas… Pero en Islandia, una temperatura de 15 °C no es igual que en otros lugares. Es ideal, ni demasiado caliente ni demasiado fría. Una temperatura que pone de buen humor a la gente.

Cascada de Selfoss, en Jökulsárgljúfur.

AF276496

ÍNDICE

GRATIS **ESTA GUÍA EN FORMATO DIGITAL**
Código de descarga en la página 97

ESTRECHO DE DINAMARCA

Suðureyri
Bolungárvik
Ísafjörður
Flateyri
925 m
Drangajökull
Þingeyri
VESTFIRÐIR
Hólmavik
Tálknafjörður
Patreksfjörður

HÚNAFLÓI
Skagaströnd
Sauðárkrókur
Blönduós
Hvammstangi

BREIÐA-
FJÖRÐUR

Stykkishólmur
Hvammsfjörður
NORÐURLAND VESTRA

Blöndulón

Ólafsvík
Snæfellsnes
1446 m
VESTURLAND
Arnarvatnsheiði
1672 m
1355 m
Hvitárvatn
1477 m
LANGJÖKULL

FAXAFLÓI
Borgarnes

AKRANES
REYKJANES
SUÐURLAND
Hofsvík
Mosfellsbær
REIKIAVIK
KÓPAVOGUR
Þingvallavatn
HAFNARFJÖRÐUR
Sandgerði
Keflavík
Hveragerði
REYKJANES
Selfoss
Grindavík
Þorlákshöfn
Eyrarbakki

Groenlandia
ISLANDIA
OCÉANO
ATLÁNTICO
Irlanda
Dinamarca
Países
Bajos
France
España

MÝRDALS-
JÖKULL
1666 m

OCÉANO
ATLÁNTICO

Vestmannæyjar
Heimæy
Vík i Mýrda

Surtsey

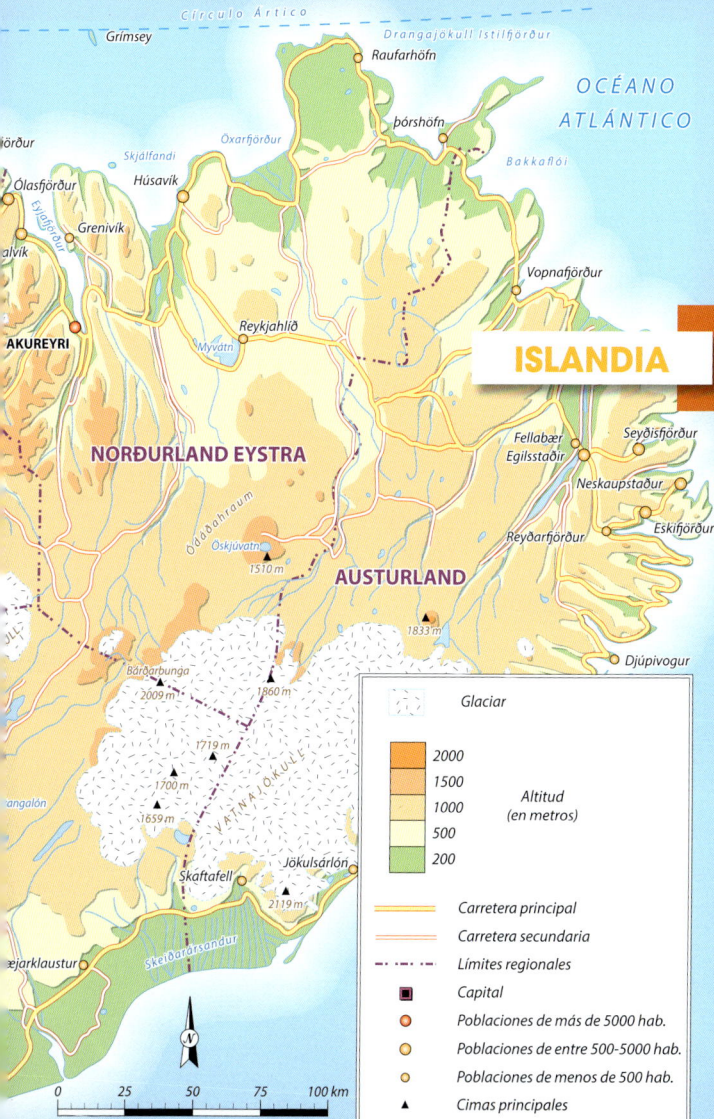

Vista aérea de un cráter volcánico en Landmannalaugar.

DESCUBRE

LO MÁS DESTACADO DE ISLANDIA

Una cálida bienvenida

A pesar de su aparente lejanía, los islandeses ofrecen una acogida muy cálida, por lo que alojarse en una granja o en casa de un lugareño se ha convertido en una de las opciones más populares entre los turistas. Tras unos minutos de conversación, cualquier islandés te ofrecerá buenos consejos y no dudará en ayudarte a descubrir los secretos de lugares poco conocidos. Sin duda, el contacto directo es una de las mejores formas de descubrir la cara oculta de la isla.

Los descendientes de Erik el Rojo

La historia de la isla comienza con su colonización por monjes irlandeses en el siglo VII, seguida por la llegada de vikingos exiliados doscientos años después. Numerosos yacimientos atestiguan su presencia, como los que atesoran vestigios de los primeros asentamientos en Reikiavik, las cuevas cercanas a Hella y las ruinas del hogar de Erik el Rojo, cerca de Búðardalur. La literatura escandinava es conocida sobre todo por sus sagas, crónicas de los reyes de Noruega y relatos de los grandes colonizadores de Islandia. Los aficionados a la historia no deben perderse el Museo Nacional y la Casa de la Cultura de Reikiavik.

Arquitectura islandesa.

Una escapada para cambiar de aires

El deseo de escapar de la vida citadina suele atraer a los urbanitas hasta Islandia, a solo dos horas y media de vuelo de Barcelona. Islandia es única y ofrece un cambio de aires a cualquiera, incluso a los trotamundos más experimentados. Las posibilidades para disfrutar de la escapada son múltiples: equitación, paseos por los parques nacionales, rafting, pesca, esquí de fondo o alpino, motos de nieve, avistamiento de ballenas y frailecillos… Y hay actividades de ocio para todos los públicos: desde los turistas que buscan paz y tranquilidad hasta las personas más activas que desean probar deportes extremos.

Tierra de hielo y fuego, mil países en uno

Aunque Islandia cuenta con pocos árboles porque los vikingos abusaron de su uso, posee una gran variedad de paisajes que harán las delicias de todos aquellos amantes de la naturaleza. Desde las vastas extensiones de desierto cerca de Mývatn moldeadas por el vulcanismo, hasta los intrincados diseños de los fiordos del oeste, tendrás la impresión de estar haciendo un viaje por regiones completamente diferentes en un solo país. Los frecuentes cambios meteorológicos refuerzan este efecto, sorprendiendo incluso al viajero más experimentado. De una estación a otra, de una hora a otra, el cielo y los paisajes se transforman.

Arquitectura: entre la madera y el color

Islandia no es conocida por el esplendor de sus edificios: uno no viene al país por las mismas razones que a Praga o Florencia. Sin embargo, la arquitectura de sus construcciones ha evolucionado a lo largo de los siglos, convirtiéndola en un elemento que interesará a muchos. A algunos les apasiona descubrir las granjas abandonadas, que hasta el siglo XX se construían con madera y en las que destaca su cubierta de turba y hierba. Con la desaparición de los árboles, sin embargo, ya son raras de ver, sustituidas por casas de vivos colores hechas de chapa ondulada o edificios sólidos que resisten mejor los fenómenos sísmicos que amenazan a las regiones de riesgo. Y aunque no abundan los edificios espectaculares, a veces hasta el más insignificante se convierte en una obra maestra gracias al paisaje que lo rodea.

DESCUBRE

© MIDKAELL33 · SHUTTERSTOCK.COM

Descubre los suntuosos paisajes de Islandia en bicicleta de montaña.

FICHA TÉCNICA

País

◗ **Nombre oficial:** Lýðveldi Ísland (República de Islandia).

◗ **Capital:** Reikiavik.

◗ **Superficie:** 103 000 km².

◗ **Idioma:** islandés.

Población

◗ **Población:** aproximadamente 390 000 habitantes (2025).

◗ **Densidad:** 3,8 habitantes/km².

◗ **Tasa de natalidad:** 1,26 ‰.

◗ **Tasa de mortalidad:** 0,66 ‰.

◗ **Esperanza de vida:** 86,3 años en el caso de las mujeres y 81,8 en el de los hombres.

Economía

◗ **Moneda:** Corona islandesa (símbolo: ISK o Kr – se pronuncia «kronur»).

◗ **PIB:** 29 800 millones de euros (2024).

◗ **PIB/habitante:** 79 980 euros/habitante (2024).

◗ **Tasa de crecimiento:** 2,8 % (2024).

◗ **Tasa de desempleo:** 3,9 % (febrero de 2025).

◗ **Tasa de inflación:** 4,2 % (febrero de 2025).

Huso horario

Reikiavik-Madrid: -2 horas en verano y -1 hora en invierno. Cuando en Madrid son las 10 h, en Reikiavik son las 9 h.

Parque Nacional de Vatnajökull.

BANDERA DE ISLANDIA

La cruz escandinava refleja el legado de los muchos años de dominación danesa. Según la leyenda, en vísperas de una gran batalla contra los estonios, el rey Valdemar II de Dinamarca (1170-1241) vio una cruz blanca en el cielo. El soberano consideró esa visión como una señal divina de que obtendría la victoria. Desde

entonces, la cruz se ha convertido en el símbolo del país y del resto de naciones escandinavas (Finlandia, Suecia e Islandia). En el caso de Islandia, es roja y blanca sobre fondo azul marino, aunque la elección de esos colores no cuenta con la aprobación de todos los islandeses. Algunos creen que el azul y el blanco se han tomado prestados de la bandera de la Orden del Halcón, mientras que otros consideran que el blanco representa los glaciares, y el azul, el mar. En cuanto al rojo, a los islandeses les gusta decir que simboliza el fuego de los volcanes.

Clima

La temporada alta turística va de junio a agosto. Fuera de ese período, en mayo y entre septiembre y octubre, cada vez más gente visita el país y disfruta de las ventajas de la *temporada baja*. Las temperaturas aún son suaves, pero eso sí, muy impredecibles. Aunque los campings están cerrados, la mayoría de pensiones y hoteles están abiertos, al igual que un número cada vez mayor de restaurantes. Los servicios de autobús no funcionan con regularidad, pero si se alquila un coche, se puede disfrutar de la belleza del campo y desplazarse a casi cualquier lugar sin demasiada dificultad. Entre noviembre y febrero, Islandia está reservada a los verdaderos amantes del país, que no temen las difíciles condiciones de las carreteras ni el frío para descubrir un lugar que sigue siendo maravilloso en esa época. No obstante, conviene saber que Islandia está desarrollando su turismo de invierno para atraer a la clientela interesada en los deportes de invierno (esquí, snowboard, trineo, raquetas, etc.) o incluso a los que vienen a contemplar las auroras boreales.

Reikiavik

Enero	Febrero	Marzo	Abril	Mayo	Junio	Julio	Agosto	Sept.	Octubre	Nov.	Dic.
-2°/2°	-2°/3°	-1°/4°	1°/6°	4°/10°	7°/12°	9°/14°	8°/14°	6°/11°	3°/7°	0°/4°	-1°/2°

ISLANDIA EN 10 PALABRAS

66° North

Es muy posible que los amantes de los deportes al aire libre hayan oído hablar de esta marca, sin duda la más conocida de Islandia. Hay que decir que el clima local obliga a los locales a equiparse con ropa resistente y eficaz. Y la confeccionada por esta empresa adquirió una sólida reputación porque era la que usaban tradicionalmente los pescadores locales, antes de partir a la conquista del mundo. Sus eslóganes son claros al respecto (como sus magníficos anuncios publicitarios): «Mantenemos caliente

Islandia desde 1926» o «Hay un lugar en Islandia donde usted tiene que llevar ropa 66° North: afuera» o «En caso de duda… pregunte a una madre islandesa», etc.

Aurora boreal

Inmensas manchas de luz en movimiento… Este espectáculo es el resultado de la colisión de átomos e iones de la ionosfera con otras partículas de la magnetosfera. Pueden durar hasta varias decenas de minutos y solo aparecen en latitudes cercanas a los 70° y a altitudes comprendidas entre 80 y 150 km en la ionosfera. El período de observación es de octubre a febrero, entre las 22 y las 2 horas.

Blue Lagoon

Una de las lagunas más famosas de Islandia es la Blue Lagoon, que en pocos años se ha convertido en la principal atracción turística del país. Situada al borde de la central geotérmica de Svartsengi, no lejos de Grindavík, sus aguas turquesas están a una temperatura de unos 39 °C. El placer de bañarse en aguas naturalmente calientes y lechosas es indescriptible. Estas aguas también son famosas por sus propiedades curativas, con zonas ricas en silicio y azufre, habilitadas a disposición de los bañistas para que puedan embadurnarse el cuerpo y la cara. Muchas enfermadades de la piel,

STÉPHAN SZEREMETA

Blue Lagoon.

Auroras boreales sobre Landmannalaugar.

como los eczemas y la psoriasis, se curan gracias a las propiedades de los numerosos minerales presentes en el agua de la laguna.

Brennivín

También conocido como «muerte negra», aunque su nombre en realidad significa «vino quemado», este aguardiente de estilo islandés se considera la bebida nacional. Su botellita verde, con una etiqueta negra con la silueta de la isla, está omnipresente en los puestos de las tiendas de recuerdos de los aeropuertos. Es un aguardiente de patata aromatizado con comino y semillas de angélica. Los islandeses están muy orgullosos de esta bebida, y su nombre se utiliza con frecuencia en la literatura local.

Géiser

El mecanismo de un géiser cuenta con unas características naturales asombrosas: en contacto con la roca volcánica, el agua alcanza el punto de ebullición y sale impulsada gracias a una presión capaz de elevarla. El nombre de «géiser» procede del famoso Geysir, que alcanzó una altura de unos sesenta metros. Justo al lado, Strokkur ha tomado su relevo, brotando majestuosamente a una altura de unos treinta metros cada cinco minutos. Mucha gente acude a este lugar en masa para contemplar el fenómeno, ahora ya no tan frecuente en Islandia. El nivel de las capas freáticas de agua caliente ha descendido, lo que impide que salgan a borbotones estas largas columnas verticales y espumosas de agua caliente. En Reikiavik, en la colina de Perlan, se ha reconstruido un géiser con fines educativos.

Pesca

La economía de Islandia se basa principalmente en la pesca y sus industrias adyacentes. Reikiavik, Akureyri, Grindavík y Heimaey son los puertos principales. De todas formas, aún quedan decenas de pequeñas comunidades pesqueras. Sin embargo, la disminución de las poblaciones de arenque y bacalao en esas aguas ha provocado una crisis en los últimos años, por lo que el Gobierno ha decidido invertir en la industria del acero y el aluminio para reequilibrar la economía.

Azufre

Seguro que durante tu viaje notarás que en algunos sitios huele a azufre. Cerca de Geysir, por ejemplo, las solfataras liberan vapor de agua mezclado con sulfuro de hidrógeno. El azufre puede acabar incluso en el agua de uso común (lo notarás al ducharte), pero no es peligroso.

Troll

Los trolls son personajes legendarios que pueblan las historias islandesas. Así es como los lugareños dan una explicación legendaria a la existencia de las famosas formaciones rocosas de Reynisdrangar, en Vík. La leyenda cuenta que dos trolls intentaron arrastrar un barco de tres mástiles hasta tierra, pero la luz del amanecer los sorprendió, convirtiéndolos en piedra.

Vikingo

Las sagas contienen muchas historias de famosos héroes vikingos. Así es como llamaron a los navegantes escandinavos que surcaron los mares desde finales del siglo VIII hasta principios del XI. Durante este período, también desarrollaron una verdadera forma de arte, conocida hoy como arte vikingo. Elaboraban tallas de madera y telas decorativas, así como piezas de orfebrería de plata y oro.

Vulcanismo

El vulcanismo consiste en todas las manifestaciones superficiales de los fenómenos térmicos que se producen en el subsuelo, por lo que está directamente relacionado con el estudio del magma y los gases de un volcán. Debajo de la isla se halla un «punto caliente», además de estar situada donde las placas tectónicas se encuentran, por eso Islandia está sometida a un vulcanismo tan activo.

Se alza sobre la dorsal mesoatlántica, un espacio submarino a caballo en el límite donde las placas norteamericana y euroasiática se separan unos dos centímetros y medio al año, y donde la roca fundida se eleva para formar una nueva corteza terrestre. Los volcanes más activos de Islandia son el Hekla, el Krafla y el Laki. El Eyjafjöll y el Bárðarbunga son los más conocidos, ya que entraron en erupción en 2010 y 2014, respectivamente. El primero, inactivo durante 190 años, paralizó el tráfico aéreo internacional durante quince días. En marzo de 2021 entró en erupción el volcán Fagradalsfjall, en la península de Reykjanes. La erupción duró más de seis meses y fue la más larga en Islandia en más de cincuenta años. Entre 2023 y 2025, hubo no menos de ocho erupciones en la península.

Volcán en erupción.

PINCELADAS SOBRE ISLANDIA

Geografía

Islandia, literalmente «Tierra de Hielo», es una gran isla del Atlántico Norte. Es la segunda isla más grande de Europa (102 846 km²), después de Gran Bretaña. Cuenta con 4970 kilómetros de costa, que se extienden de norte a sur entre las islas Vestman, en el paralelo 63° norte, y la pequeña isla de Grímsey, atravesada por el Círculo Polar Ártico. Y de este a oeste, entre los 13° y los 24° de longitud oeste. Los vecinos más próximos son Groenlandia (370 km al oeste) y las Islas Feroe (470 km al sureste). Noruega se halla a 970 km al este.

Clima

Islandia no es tan fría como su nombre y su situación geográfica sugieren. Las costas suroeste, oeste y noroeste están bañadas por un brazo de la corriente del Golfo, mientras que la corriente polar de Groenlandia se mezcla con la corriente cálida en las costas este y sureste. La combinación de estas corrientes marinas produce un clima oceánico frío, con una oscilación térmica muy baja. El invierno no es tan crudo como en otras latitudes similares, con una temperatura media en enero cercana a los 0 °C. El verano es relativamente fresco. La humedad constante y el viento contribuyen a la sensación de frío.

En junio y principios de julio, no existe noche, o más bien, la noche está iluminada por la luz anaranjada del sol de medianoche, que se pone y sale justo por encima del horizonte. Septiembre y octubre conforman el otoño, y el invierno viene precedido por el fenómeno de las auroras boreales. Por último, el período de oscuridad comienza a mediados de noviembre y dura hasta finales de enero. El sol solo aparece unas horas durante el día.

Medioambiente

Hace ya muchos años que los islandeses han aprendido a respetar la naturaleza. Los períodos posteriores a la colonización están ligados a esta nueva conciencia. Los vikingos fueron los primeros en desembarcar en estas tierras hostiles y no tardaron en aprovechar los recursos que tenían a su disposición. Entre ellos estaba la madera. Este material era un increíble regalo de la naturaleza, esencial para construir casas y como calefacción. Sin embargo, debido a la sobreexplotación, este elemento fue desapareciendo poco a poco y estas tierras, antaño descritas como vastos bosques, quedaron completamente despobladas de la mayoría de las especies arbóreas. Los habitantes de la isla no tardaron en darse cuenta de que el aumento del vulcanismo no iba a ayudarles a regenerar la madera desaparecida.

Desde principios de la década de 1960, las asociaciones han puesto en marcha varios proyectos de reforestación por toda Islandia. Una de las campañas de reforestación más famosas es sin duda el bosque de Hallormsstaðaskógur (en el este del país), aunque las especies que prosperan en Islandia no suelen crecer mucho. La protección de la naturaleza no se limita a las zonas forestales. Se han creado numerosos parques nacionales para preservar la flora y la fauna del país. El último, el Parque Nacional de Vatnajökull, se fundó en 2008 y abarca los antiguos parques nacionales de Skaftafell y Jökulsárgljúfur y sus alrededores. Con 12 000 km², es ahora el parque nacional más grande de Europa. Entre los sectores con una importante huella de carbono figuran la aviación, el turismo, la industria, la agricultura y la pesca, así como la industria alimentaria, que depende de las importaciones. La crisis de 2008 empezó a invertir un poco esta tendencia, poniendo de relieve la necesidad de avanzar hacia la autosuficiencia alimentaria. Desde entonces, se ha promocionado el desarrollo de circuitos cortos y locales, «de la granja a la mesa». Otro elemento importante es el aumento del consumo energético del país. La construcción de nuevas presas y la habilitación de nuevas zonas de perforación consume mucha energía y contribuye a la destrucción de los entornos naturales. Se han tomado medidas concretas para limitar el consumo de combustibles fósiles, como la prohibición del uso de fuel pesado para barcos desde el año 2020. Además de los efectos nocivos para la salud, las partículas emitidas, al depositarse en los glaciares, contribuyen a acelerar su deshielo. También se han introducido medidas financieras, como el aumento del impuesto sobre el carbono.

Islandia se ha fijado el objetivo de que en 2050 toda la energía que consuman provenga solo de energías renovables.

Flora y fauna

▶ **Fauna.** La isla cuenta con 73 especies de aves: marinas y algunas en el interior, más raras. Otras 230 visitan la isla de vez en cuando. Entre ellas, el frailecillo atlántico es una de las aves más populares. También conocido como «payaso del mar» por su colorido pelaje, su aspecto de *pequeño pingüino* y su andar a veces torpe son realmente adorables. Debido a la insularidad de estas tierras, los mamíferos terrestres son escasos (zorro polar y reno). Llegado con los primeros colonos vikingos, el caballo islandés se ha convertido en uno de los animales más famosos. Entre los mamíferos marinos destacan la foca gris y la foca común.

▶ **Flora.** Dado que es una tierra helada y volcánica, Islandia tiene muy poca vegetación: arbustos, hierbas, pequeñas flores, musgos y líquenes. Solo una cuarta parte de la superficie del país está cubierta continuamente de vegetación. Abundan las grandes extensiones de pastizales, marismas, juncos y gramíneas. No obstante, conviene saber que la glaciación y el vulcanismo no lo erradicaron todo, ya que unas 470 especies de plantas vasculares sobrevivieron al intenso frío. No son raros los arbustos bajos como el abedul enano, el brezo, el arándano y el mimbre. Pero Islandia se caracteriza sobre todo por vastas extensiones de desierto, donde la vegetación retrocede para dejar paso a la arena negra, la grava y la piedra.

La historia de Islandia es relativamente corta en comparación con otros países. Los historiadores calculan que los primeros vestigios de colonización se remontan al siglo VIII. Sin embargo, todo apunta a que la isla fue descubierta mucho antes. Extractos del diario de viaje de un navegante y matemático marsellés, Piteas, dan crédito a la idea de que este aventurero la descubrió incluso antes de la llegada de los vikingos suecos: navegó hasta las islas Británicas en el año 330 a. C. y luego se adentró en el mar del Norte. Describió una isla llamada Thule (o Ultima Thule), a seis días de Gran Bretaña y a un día del fin del mundo. Dada esta particular situación geográfica, Islandia podría representar Ultima Thule.

La colonización de Islandia

Aunque los textos oficiales afirman que Islandia fue descubierta en el siglo VIII por monjes irlandeses, otros creen que su llegada a la isla corresponde al período de los fabulosos viajes de estos religiosos, entre el 577 y el 583. En el 865, Garðar Svavarsson, un vikingo sueco, puso pie en Islandia, en el norte de la isla, tras navegar a la deriva en medio de fuertes tormentas. Este primer intento de colonización pronto se convirtió en un fracaso, ya que la falta de heno no podía cubrir las necesidades alimenticias de los animales. A principios de la década del 870, un segundo colono noruego, Ingólfur Arnarson, llegó al suroeste del territorio. Construyó una granja en Reikiavik, seguido más tarde por muchos vikingos de Escandinavia, que se asentaron con sus esclavos celtas en estas tierras inhóspitas. El exilio de estos vikingos se debió principalmente a las luchas del rey de Noruega, Harald I, conocido como «Harald Cabellera Hermosa», contra los antiguos gobernadores para conquistar nuevos territorios, lo que no dejó a sus enemigos más remedio que huir.

Más tarde se produciría una gran revuelta de esclavos, que fue sofocada gracias a la llegada masiva de vikingos. Esta vez, la expansión del mundo vikingo fue un éxito gracias a la moderna tecnología de construcción de barcos fiables y al crecimiento constante de la población.

Ingólfur Arnarson.

Las primeras instituciones

En el año 930 se instauró en Islandia un sistema republicano único, con la creación del Alþing en la población de Þingvellir, la asamblea parlamentaria más antigua del mundo. Durante trecientos años promulgó leyes y actuó como tribunal de justicia. Noruega se convirtió al cristianismo bajo el reinado de Olaf Tryggvason hacia finales del siglo X. Unos misioneros, entre ellos un tal Gizzue, llegaron a Islandia y propusieron a los *alþing* que el país se convirtiese al cristianismo, lo que provocó el caos y dividió la isla en dos estados enfrentados. Sin embargo, finalmente los islandeses adoptaron pacíficamente el cristianismo. Esto llevó a la creación de dos obispados, uno en 1056 en Skálholt y otro en 1066 en Hólar, que se convirtieron en centros culturales de todo el territorio. La llegada del cristianismo también concedió la libertad a los esclavos hacia el año 1100.

La Islandia noruega

El período más brillante de Islandia llegó poco a poco a su fin. En el siglo XIII, los doscientos años de paz fueron interrumpidos por la llegada de la era de Sturlungur, que se caracterizó por numerosas batallas, actos de traición e inestabilidad política. Para poner fin al caos, se aceptó al rey de Noruega como soberano. Islandia firmó el Antiguo Pacto, perdiendo así su independencia. Como consecuencia de ello, se sustituyó la antigua ley, se suprimieron los derechos de los jefes de los clanes, se crearon condados y los gobernantes fueron nombrados directamente por el rey. En esa época, el volcán Hekla entró en erupción en 1300 y en 1341. Miles de habitantes murieron, la tierra quedó devastada y estallaron epidemias, como la peste negra procedente de Noruega, que paralizó inmediatamente el comercio con Islandia en 1349.

La Islandia danesa

En 1380, Islandia pasó a ser danesa. Pero el declive del país no cesó. Nueve años más tarde, el volcán Hekla volvió a entrar en erupción, destruyendo la flora y la fauna, además de cobrarse un alto precio en vidas humanas. Lo mismo sucedió con la epidemia de peste negra de 1402 a 1404, que acabó con la vida de casi dos tercios de la población. Ante la competencia que suponía Islandia para la industria pesquera, Dinamarca acentuó la recesión económica y el aislamiento de la isla. Y el infortunio se repitió más adelante: viruela de 1707 a 1709, y luego la inundación de lava por la erupción del Lakagígar en 1783, lo que conllevó la desaparición del ganado y hambruna. A principios del siglo XVII, el Alþing perdió todo su poder y fue abolido en 1801, antes de reaparecer en 1845 como cámara consultiva. Cuando Noruega se independizó en 1814, Islandia permaneció unida a Dinamarca, con la esperanza de recuperar su independencia perdida.

Hacia la independencia de Islandia

El siglo XIX fue testigo de un renacimiento del sentimiento nacional en Islandia. Jón Sigurðsson fue uno de los líderes del movimiento independentista. En 1874, el país celebró el milenario de la colonización de la isla. Con este motivo se compuso el futuro himno nacional (*¡Oh Dios de nuestra patria!*), adoptado en 1944. Pero debido a las catástrofes que asolaron la isla y a la precaria situación económica, gran parte de la población se exilió, sobre todo a Canadá y a Estados Unidos, entre 1880 y 1914.

Islandia obtuvo el estatuto de autonomía en 1904, una independencia parcial que seguía reconociendo a la monarquía danesa. Tras conectarse con el resto del mundo, sobre todo con Escocia, mediante un cable telefónico, Islandia concedió el derecho de voto a las mujeres en 1908. El país dio así el primer ejemplo mundial de igualdad de género. En 1918, se convirtió en un Estado soberano, en estrecha unión con Dinamarca. La invasión alemana de Dinamarca en 1940 puso fin a la independencia islandesa.

Islandia independiente

En 1944, se celebró una votación para determinar si los islandeses deseaban seguir vinculados a Dinamarca. La mayoría se negó y el 17 de junio se declaró la independencia. El país se orientó hacia el exterior. Ingresó en la ONU en 1946 y se convirtió en miembro fundador de la OTAN en 1949. Estados Unidos consideraba Islandia como una región de gran interés estratégico.

En 1958, Islandia vivió una grave crisis con Inglaterra, que dio comienzo a las que se denominaron «Guerras del Bacalao», debido a la ampliación de sus aguas territoriales de 3 a 12 millas. El conflicto terminó en 1961 tras un acuerdo sobre nuevos límites, pero se reanudó en 1972 tras la ampliación de las zonas de pesca exclusivas a 50 millas. En octubre del año siguiente se alcanzó un

nuevo acuerdo, en el que los británicos tuvieron que hacer algunas concesiones. El año 1973 estuvo marcado no solo por la erupción del volcán Helgafell, sino también por la revisión del pacto de defensa estadounidense de 1951, sobre todo en lo referente a la presencia de tropas estadounidenses en la isla. Quienes pensaban que la Guerra del Bacalao había finalizado, se equivocaban. La ampliación de las aguas territoriales a 200 millas en 1975 provocó un nuevo conflicto entre Islandia y Gran Bretaña, desencadenando la decimoquinta Guerra del Bacalao desde el siglo XV, que Islandia acabó ganando.

En 1980, Islandia llamó la atención de la comunidad internacional por su igualdad de género: Vigdis Finnbogadóttir fue elegida la primera mujer presidenta de la República y fue reelegida hasta 1996. La década de 1990 y el comienzo del nuevo milenio siguieron marcados por grandes fenómenos naturales.

Crisis financiera y recuperación

El año 2006 marcó el fin de la presencia militar estadounidense en suelo islandés, un elemento que había sido objeto de gran debate durante décadas. Esto supuso el fin definitivo de la Guerra Fría. Aunque deseada por muchos de los habitantes de Islandia, la retirada no fue del agrado de todos, porque eso conllevó la desaparición de muchos puestos de trabajo directos e indirectos, y la base militar de Keflavik, ahora vacía de marines, se fue convirtiendo poco a poco en una gigantesca y anodina urbanización de viviendas en las colinas que rodean la ciudad. De todas formas, Islandia estaba viviendo un gran auge económico, así que no sufrió demasiado por la marcha del ejército estadounidense. De hecho, sigue sin un ejército propio.

La crisis de 2008 hizo mucho más daño. La economía, en gran parte virtual, sufrió un gran impacto cuando las bolsas mundiales enloquecieron y estalló la burbuja especulativa. El país, que disfrutaba de pleno empleo, se encontró de repente con 7000 parados, muchos de ellos trabajadores inmigrantes que habían sido atraídos en masa para apoyar el desarrollo del país. Pero el país no se rindió. Nacionalización de los bancos, negativa a pagar la deuda a Gran Bretaña y los Países Bajos, devaluación de la moneda: se hizo todo lo posible para mantener el país a flote. Los resultados fueron espectaculares, y en 2011 la isla volvía a gozar de una economía saneada, con el desempleo de nuevo en descenso. En resumen, la economía islandesa entró en una nueva fase de crecimiento, gracias a que dispone de una serie de recursos importantes, como la pesca, las energías renovables, un turismo en auge, una mano de obra bien formada y el desarrollo de nuevos sectores (TIC, centros de datos, silicio). Sin embargo, seguía dependiendo de las exportaciones y de la zona euro. Su acercamiento a la UE y la fortaleza de su moneda, aunque supusiera ceder terreno en el tema de las cuotas pesqueras, seguía siendo incierto. Aunque Islandia solicitó oficialmente la adhesión en 2009 y abrió las negociaciones pertinentes, en 2014 una petición solicitó que se retirara la solicitud. Ante el deseo de los islandeses de no ingresar en la UE, el Gobierno retiró finalmente su solicitud en 2015.

Islandia en la actualidad

En 2017, el Gobierno presidido por Bjarni Benediktsson implosionó tras la retirada del gobierno del partido Futuro Brillante, miembro de la coalición gubernamental, y un escándalo en el que se vio envuelto el primer ministro. Las elecciones parlamentarias anticipadas desembocaron en la victoria del Partido de la Independencia, pero sin mayoría absoluta. Tras negociaciones tripartitas, se estableció un gobierno de coalición liderado por Katrín Jakobsdóttir (Partido Ecologista).

En 2018, el país marcó un hito en el ámbito de la igualdad salarial. El 1 de enero entró en vigor una ley que obliga a las empresas con más de 25 empleados a pagar el mismo salario a hombres y a mujeres que trabajen en el mismo puesto y con el mismo nivel de productividad. Ahora es la empresa la que debe demostrar que la diferencia salarial no está justificada por diferencias de género.

▶ **En abril de 2020, para combatir el coronavirus,** Islandia organizó un cribado masivo de su población. Gracias a una vigilancia rigurosa y a estrictas medidas de cuarentena, el país destacó por su gestión única de la epidemia. Sin embargo, sufrió un importante descenso del turismo y de los ingresos.

▶ **Intensa actividad volcánica.** En marzo de 2021, el volcán Fagradalsfjall, en la península de Reykjanes, entró en erupción, un fenómeno que duró más de seis meses, lo que lo convirtió en la erupción más larga en Islandia en más de cincuenta años.

Otras erupciones tuvieron lugar en agosto de 2022 y julio de 2023. El 11 de noviembre de 2023, los residentes de Grindavík fueron evacuados tras la

La población de Islandia es joven.

aparición de varias fisuras y numerosos temblores sísmicos.

Justo al lado, en la zona de Sundhnúks, se produjo una gran erupción en la noche del 18 al 19 de diciembre de 2023 entre la central geotérmica de Svartsengi y la localidad de Grindavík, con la eyección de unos flujos de lava especialmente impresionantes. Desde entonces, se han producido no menos de ocho erupciones en una de las zonas volcánicas más activas de la isla. La más reciente tuvo lugar en abril de 2025 y obligó a evacuar Grindavík.

⬥ **Por lo que respecta al ámbito político,** las mujeres islandesas organizaron una gran huelga en 2023 para luchar contra la desigualdad salarial y la violencia de género. Participaron la primera ministra Katrín Jakobsdóttir y más de una cuarta parte de la población. En las elecciones presidenciales, la empresaria Halla Tómasdóttir ganó con el 34,3 % de los comicios, por delante de Katrín Jakobsdóttir, que obtuvo el 25,5 %. Se convirtió así en la segunda mujer elegida para ocupar la presidencia después de Vigdís Finnbogadóttir en 1980. Tomó posesión el 1 de agosto de 2024.

Las elecciones parlamentarias se celebraron el 30 de noviembre de 2024. Estas elecciones anticipadas tuvieron lugar por la ruptura de la coalición de gobierno formada por el Partido de la Independencia, el Partido Progresista y el Movimiento de Izquierda-Verde, liderada por el primer ministro Bjarni Benediktsson, que había sucedido a la candidata a la presidencia Jakobsdóttir. Las elecciones fueron ganadas por la Alianza Socialdemócrata, liderada por Kristrún Frostadóttir, que formó un gobierno de coalición con el Partido Reformista y el Partido Popular. Esta nueva coalición tripartita destaca por su liderazgo exclusivamente femenino, con una mujer al frente de cada partido. En la primavera de 2025, el Parlamento aprobó una moción por la que se convocaba un referéndum sobre la pertenencia a la UE para 2027. Continuará...

POBLACIÓN

Demografía

Dada la gran extensión de tierra no habitable (desiertos en el interior del país), la densidad de población es muy baja, en torno a 3,8 habitantes por kilómetro cuadrado (2025). A modo de comparación, la de España es de unos 97 habitantes por kilómetro cuadrado. La población de Islandia (390 000 habitantes en 2025) es muy joven para los estándares europeos: el 34 % de la población tiene menos de 25 años (2025), algo fácil de observar por la mayoritaria presencia de niños, adolescentes y jóvenes adultos en las calles, y por la impresionante energía que se respira en Reikiavik. La mayoría de los jóvenes intenta abandonar el campo para instalarse en la ciudad, un éxodo que ha influido en el modo de vida islandés. La efusión del ocio nocturno que caracteriza a la capital se debe, de hecho, al gran número de jóvenes que han venido a vivir aquí: casi 3/5 partes de la población vive en Reikiavik y sus alrededores. Este éxodo rural masivo de la juventud es preocupante para un país cuya economía se basa también en las numerosas explotaciones agrícolas que lo cubren. No obstante, las desigualdades sociales son muy escasas. Actualmente hay muy pocos extranjeros residiendo en Islandia, pese a que hubo un período en el que el país experimentó un proceso de apertura al mundo y requirió la contratación de mano de obra extranjera, proceso que se frenó a causa de la crisis de 2008. Los polacos, en particular, constituyen ahora una minoría considerable.

Idiomas

El islandés (*íslenska*) tiene fama de ser uno de los idiomas más difíciles del mundo, debido sobre todo a su compleja gramática y a sus declinaciones. El lingüista Daniel Tammet, un genio superdotado que padece síndrome de Asperger, se propuso el difícil reto de aprender esta lengua tan complicada en el menor tiempo posible, un experimento que formaría parte de un documental. Gracias a su excepcional capacidad de cálculo y de memorización, ¡lo consiguió, increíblemente, en siete días! Se trata de una lengua germánica similar al danés y al sueco, lenguas con las que comparte origen: el nórdico antiguo, la antigua lengua de Escandinavia. El aislamiento de la isla, unido a una importante tradición escrita (a diferencia del resto de lenguas de otros países nórdicos, que siguieron siendo dialectos durante mucho tiempo), dieron como resultado la conservación de la lengua original, tanto en su versión hablada como escrita, algo poco común. Es decir, el islandés, con muy pocas variaciones regionales, difiere muy poco del que se hablaba en la Edad Media. Los escolares islandeses, por ejemplo, pueden leer sagas del siglo XIII con relativa facilidad. Para adaptarse a la inevitable evolución del vocabulario sin perder la pureza del idioma, los académicos de la lengua se han encargado de crear nuevas palabras, por supuesto, pero también han actualizado el vocabulario antiguo que había caído en desuso. Conviene saber también que el alfabeto latino, impuesto por la Iglesia católica, sustituyó a la escritura rúnica, de la que hoy solo quedan dos signos: la ð y la þ, que corresponden ambos a la *th* inglesa. El inglés, obligatorio en el currículo escolar desde 1946, y el danés, lengua usada históricamente por la administración, se hablan comúnmente en Islandia, o al menos se entienden. Algunos escritores islandeses, como Gunnar Gunnarsson, han optado por escribir en danés.

Estilo de vida

Educación

La tasa de alfabetización de la población mayor de quince años es del 99 %, una de las más altas del mundo. Hasta los 6 años, los niños comienzan su educación en centros de preescolar. A continuación, acceden al sistema de enseñanza primaria y secundaria, en lo que se conoce en inglés como las *Compulsory Schools.* Hay que esperar unos diez años, hasta los dieciséis, para que los alumnos pasen a otro tipo de escuelas, comúnmente conocidas como *Specialised Vocational Schools, Industrial-Vocational Schools, Comprehensive Schools* o *Grammar Schools,* dependiendo de su orientación personal. No se accede a la enseñanza superior hasta los veinte años. En general, la mayoría de los islandeses pueden empezar a trabajar a los veintitrés años.

Tradiciones

Islandia se caracteriza sobre todo por unas costumbres bastante anticuadas en lo que respecta a ideales, su gusto por las artes, su literatura o su lengua. Sin embargo, en lo que se refiere a la

sexualidad, han surgido algunos lugares bastante atrevidos en pleno centro de la capital, lo que revela un cambio gradual de mentalidad entre los habitantes de la ciudad. Las asociaciones de planificación familiar están haciendo grandes esfuerzos en este sentido, sobre todo mediante la aplicación de una legislación que reconoce la vida sexual de los jóvenes y ofrece servicios a los adolescentes. Gracias a estos programas, Islandia ha conseguido una de las tasas de embarazo adolescente más bajas del mundo, una baja tasa de infección por VIH y un fuerte descenso del número de abortos.

El 4 de junio de 1996, el Parlamento aprobó una ley, que entró en vigor el 27 de junio, que permitía a dos personas del mismo sexo registrar su unión de hecho. En 2010, Islandia se convirtió en el noveno país del mundo en legalizar el matrimonio igualitario.

Carácter e identidad

El carácter nacional se ha ido forjando a lo largo de la historia del país, sobre todo antes de que se proclamara la independencia en 1944. Los islandeses querían separarse de la corona danesa y crear una nación independiente. Este espíritu de independencia y libertad también estuvo presente en los siglos XIII y XIV, cuando pasó a formar parte de Noruega.

Aunque menos del 10 % de la población se dedica a la agricultura, existen ciertas ideas preconcebidas sobre Islandia que se han demostrado falsas, sobre todo en lo que respecta a considerarlo un país muy anticuado en cuanto al uso de tecnología. De hecho, ¡es todo lo contrario! Todos los islandeses conocen perfectamente las nuevas tecnologías, que la joven población local adopta de inmediato, y sobre todo permiten a las personas que viven en las zonas más remotas permanecer conectadas con el mundo. Paradójicamente, los islandeses siguen muy apegados a sus tradiciones y su historia. Por eso, el carácter y la identidad del país pueden resumirse con una simple ecuación: una mezcla de modernismo y tradición.

Religión

Los islandeses son muy creyentes, tanto en su culto a un dios único como en las numerosas tradiciones paganas que dan nombre a muchos lugares. La religión luterana se afirmó realmente en 1551, cuando el rey danés Cristián III la impuso a todos los islandeses, que se habían convertido al cristianismo en la convocatoria del Alþing del año 1000. Esta decisión no hizo más que aumentar las luchas entre clanes rivales que se habían ido produciendo hasta ese momento. De hecho, el catolicismo había adquirido una gran importancia en el país. Los islandeses se habían convertido a esa religión sin ninguna resistencia. La ejecución del último obispo católico, Jon Arason, en 1550, supuso el fin abrupto de esa confesión. Poco después de que el luteranismo se hiciera oficial, los daneses aseguraron la imposición de su religión amenazando con deportar a cualquiera que la rechazara para volver a profesar el catolicismo.

Hoy en día, otra religión vuelve a renacer en el corazón de Islandia, el Ásatrú, la antigua creencia nórdica. Se trata de una secta reconocida oficialmente que fue ganando adeptos gracias a los esfuerzos de un agricultor islandés en 1970.

Hay que destacar que la religión sigue estrechamente vinculada al Estado. En la actualidad, las escuelas primarias están obligadas a enseñar los fundamentos éticos del cristianismo. Sin embargo, se han estipulado excepciones para los alumnos que no sean cristianos, que están exentos de asistir a esa asignatura por respeto a sus creencias. El 60 % de la población está a favor de la separación del Estado y la Iglesia.

CREENCIAS

Aunque a los islandeses no les gusta que los extranjeros los consideren como simples amantes de los elfos, los trolls, los gnomos y las brujas, persisten muchas creencias que la población local se toma muy en serio, ligadas a las historias que explican la existencia de tal o cual piedra. En la mitología islandesa, Odín es el rey de los dioses. Su esposa, la reina del cielo, se llama Freyja. Þór es el dios de la fuerza y la fertilidad, así como el dios del cielo y el trueno, mientras que Ægir es el dios del mar, y Loki el Embaucador, el compañero de los dioses. Hay muchas historias sobre estos personajes. También se dice que trece papás noeles descienden de las cimas de las montañas a las tierras habitadas. No gozan de la mejor reputación... Entre ellos están Faldafeykir, el «alzafaldas», Pottasleikir, el «lamecocinas», etc. Los padres de estos sujetos, los trolls, tampoco son mucho más atractivos: Grýla, su madre, cocina a los niños revoltosos en cacerolas.

ARTE Y CULTURA

Artesanía

La artesanía es un sector que cada vez cobra más importancia en Islandia. En Reikiavik, Akureyri y otras ciudades más pequeñas, abundan las tiendas de recuerdos, que ofrecen a los visitantes artículos hechos a mano de innegable calidad. Los islandeses son muy conscientes del buen hacer de sus artesanos, de manera que no es raro encontrar productos con el sello de calidad islandés. Entre las principales formas de artesanía se encuentran los trabajos en lana, cerámica y joyería.

Cine

Tuvo que pasar un largo tiempo antes de que el mundo se interesara por el cine islandés, por ejemplo, con la exitosa película *Hijos de la naturaleza*, dirigida por Friðrik Þór Friðriksson, que ganó el Oscar a la mejor película de habla no inglesa en 1991. También dirigió *Fiebre helada* (1995), la historia de un japonés que atraviesa Islandia para rendir homenaje a sus padres, fallecidos en un accidente de coche en la isla. *The Icelandic Dream,* estrenada en 2000 y dirigida por Róbert Ingi Douglas, ganó cuatro premios EDDA. La divertida comedia *Fuera del vestuario*, del mismo director, estrenada en 2006, cuenta la historia de un equipo de fútbol amateur en el que todos los jugadores son gais. Baltasar Kormakur es otra figura importante del cine islandés. Dirigió *101 Reykjavík* en 2001, adaptación de una novela islandesa que compone un ácido retrato de una joven que vive en la capital.

La película islandesa de más éxito de los últimos años es, sin duda, *La mujer de la montaña* (2018), del director Benedikt Erlingsson. Narra la cruzada de una mujer, interpretada magistralmente por Halldóra Geirharðsdóttir, contra la industria islandesa del aluminio. La película causó un gran revuelo cuando se estrenó por su postura radical contra los problemas medioambientales causados por la industria.

En la misma línea de lucha ecológica, el documental *Dreamland* (2009), de Þorfinnur Guðnason, saca a relucir la construcción de la central hidroeléctrica de Kárahnjúkar, y los problemas medioambientales y políticos que planteó. La película franco-islandesa *Volveré enseguida* (2008), de Sólveig Anspach, narra la historia de una poetisa islandesa que decide abandonar la isla y, para financiar sus planes, traspasa su negocio de venta de marihuana. *El corazón del océano* (2012), de Terence Davies, que ganó el Premio del Público en el Festival de Cine San Sebastián, relata la vida de un pescador y su lucha por sobrevivir en las duras condiciones del mar.

La cantante Björk ha actuado y colaborado en algunas de las grandes películas de nuestro tiempo, por ejemplo, *Bailar en la oscuridad* (2000), de Lars Von Trier, y *Drawing Restraint 9* (2005), del artista Matthew Barney.

La isla atrae producciones extranjeras por sus paisajes únicos. Así ocurrió recientemente con el rodaje de *Ártico*, dirigida en 2018 por el realizador brasileño Joe Penna, que cuenta la historia de un hombre atrapado en el Ártico (Mads Mikkelsen) tras estrellarse su avión. Una de las escenas más famosas rodadas en la isla tuvo lugar en el lago Jökulsárlón en una de las películas de James Bond, *Muere otro día* (2002). También fue escenario de secuencias en *Batman Begins* (2005) y *Lara Croft: Tomb Raider* (2001). La película *Sparrows (Gorriones)* (2015), del director Rúnar Rúnarsson, transcurre en los fiordos del noroeste, en concreto en Isafjördur y Flateyri. *Lamb* (2021), un film rodado en una granja del norte de Islandia, llamó la atención en el Festival de Cannes y ganó el premio a la originalidad. Más recientemente, la película *Godland* (2022) trata de la colonización de Islandia. Y no hay que olvidar series exitosas como *Los asesinatos del Valhalla* (2019) y *Blackport* (2023). La última película de Rúnar Rúnarsson, *When the Light Breaks,* se estrenó en 2024 e inauguró la sección Un Certain Regard del Festival de Cannes.

Literatura

Sagas

Las sagas, escritas hacia finales del siglo XII, son un conjunto de crónicas de los reyes de Noruega y relatos de las hazañas de los grandes colonizadores de Islandia. Proceden de una tradición oral prodigiosamente rica: recuerdos de los increíbles viajes de célebres antepasados vikingos y evocaciones de las grandes tradiciones sagradas o épicas del mundo germánico (antiguos textos escandinavos anteriores al siglo IX).

Lejos de ser la mera transcripción de esas tradiciones orales, se trata de obras eminentemente literarias, compuestas por autores plenamente conscientes de su arte. Narran las aventuras de héroes memorables en un estilo rápido y conciso, con una fuerza trágica o un humor crudo admirable.

Literatura moderna

En los siglos XVI y XVII, Islandia atravesó un período difícil marcado por las restricciones danesas y los desastres naturales. No obstante, la literatura islandesa floreció impulsada por figuras como Arngrímur Jónsson, el «erudito rebelde», que defendió fervientemente a su país del menosprecio de algunas figuras extranjeras. En este período también surgió un sentimiento nacional gracias al trabajo de conservación de manuscritos antiguos llevado a cabo por Árni Magnússon y a la labor científica de Eggert Olafsen.

En el siglo XIX, el movimiento independentista cobró impulso, sobre todo con Jón Sigurðsson, figura destacada de la lucha pacífica. La literatura se impregnó del nacionalismo romántico, encarnado en la revista *Fjölnir*, fundada por cuatro poetas, entre ellos Jónas Hallgrímsson. En 1850, Jón Thoroddsen publicó *Piltur og stúlka,* considerada la primera novela islandesa moderna.

A finales del siglo XIX, los escritores se abrieron a otras corrientes estéticas, como Einar Benediktsson, que combinó el simbolismo y la poesía tradicional, o Jóhann Sigurjónsson, que adaptó el folclore al teatro. Gunnar Gunnarsson, muy popular en los países nórdicos, precedió a Halldór Laxness, escritor galardonado con el Premio Nobel en

¿QUÉ TRAER DEL VIAJE?

El recuerdo más popular son los jerséis de lana hechos a mano, reconocidos por ser muy cálidos. También son muy apreciadas las pieles de oveja y otros accesorios de lana (guantes, gorros, calcetines, zapatillas, bufandas, cuadros, ovillos, etc.). Las joyas elaboradas con piedra volcánica (lava basáltica en particular) o directamente inspiradas en símbolos rúnicos también son muy populares. Otras ideas para traerse del viaje son: aguardiente brennevin, skyr (parecido al yogur), camisetas con divertidos motivos o eslóganes islandeses, bolsos o accesorios de piel de raya o tiburón, cremas de plantas, un CD de música islandesa y, por qué no, pescado seco, ¡muy apreciado por los islandeses!

1955 y uno de los grandes escritores islandeses, autor de *La campana de Islandia* (RBA Libros, 2011).

Tras la independencia en 1944, la literatura islandesa se abrió aún más al mundo. Se hizo mucho más popular, sobre todo en el campo de la novela policíaca, con Arnaldur Indriðason y Árni Thórarinsson. Y entre los autores de la literatura más contemporánea, destacan Auður Ava Ólafsdóttir (*Rosa cándida*), Kristín Marja Baldursdóttir (*Karítas, sin título*), Elma Már Guðmundsdóttir (*Los reyes de Islandia*), Sjón (*El niño que nunca existió*) y Jón Kalman Stefánsson (*Sobre el tamaño del universo*), que contribuyen a promover internacionalmente la rica cultura islandesa.

Música

Islandia + música = Björk. Pregúntale a quien quieras y verás que esta ecuación es infalible. Y aunque la superestrella se ha adueñado por completo de la imagen de la creación musical islandesa ante el gran público, también ha contribuido a poner de relieve el dinamismo y la riqueza de la escena local. A partir de su éxito, la música islandesa entró en un frenesí que aún no ha cesado, con la aparición de una serie de nombres que han asombrado a público y crítica por igual: Sigur Rós, Hildur Ingveldardóttir Guðnadóttir, GusGus, Múm y Ólafur Arnalds, por citar solo algunos de ellos. Islandia demuestra que el valor y el talento no dependen del número de habitantes. De hecho, el tamaño de la isla podría contemplarse como una ventaja para los jóvenes músicos: con un público local tan reducido, desde el momento en que surgen, todos los artistas saben que tendrán que atraer al público extranjero si quieren permanecer en el mercado. Y muchos de ellos han superado esa prueba de seducción.

Pintura y artes gráficas

Entre la escena de pintores islandeses destaca una gran figura: Erró, seudónimo de Guðmundur Guðmundsson. Nacido el 19 de julio de 1932 en Ólafsvík, ha viajado y vivido en cuatro países europeos: Noruega, Francia, España e Italia. Tras aprender el arte del mosaico en Florencia, realizó numerosas exposiciones, principalmente en París, pero también en otras ciudades del mundo. Sus cuadros se inscriben en el estilo del pop art, una tendencia de los años 1950 en la que abundan las reproducciones de imágenes estereotipadas de los medios de comunicación (uno de los representantes más conocidos de este movimiento es el artista estadounidense Andy Warhol).

Erró tiene un nexo especial con la isla de Formentera desde que la conoció allá por el año 1958. Ese amor por la isla le condujo a construir en ella una casa y un taller en 1970, convirtiéndola en uno de sus hogares, junto con París y Tailandia. En 2012 cedió a la isla parte de su obra. Por supuesto, Erró no es el único pintor islandés famoso. Hay muchos otros: Einar Hákonarson, Gunnlaugur Scheving, Svavar Guðnason, Nína Tryggvadóttir, Helgi Þorgils Friðjónsson, Þórarinn B. Þorláksson, Ásgrímur Jónsson y Jóhannes Sveinsson Kjarval. Numerosas galerías y tiendas de arte venden cerámicas, jarrones y objetos decorativos, pero algunos artistas, como Gudrun Halldorsdottir y Kristin Gudjonsdottir, han llevado esta forma de arte un paso más allá, esculpiendo rostros, drakkars vikingos y obras más modernas de gran belleza.

Escultura

Varias mujeres sobresalen principalmente en las artes textiles y la escultura. Júlíana Sveinsdóttir (1889-1966) fue una pintora islandesa que destacó como artista textil. Vivió en Dinamarca y solía regresar a su tierra natal en verano para pintar sus paisajes. En 2008, un cráter del planeta Mercurio recibió su nombre. Otro de los nombres que hay que destacar es Brynhildur Thorgeirsdóttir, nacida en 1955, que ha expuesto en todo el mundo. Sus obras *Landscape in Garðabær* y *Cliff in Leirvogur* (Reikiavik) pueden admirarse en espacios públicos. Sus esculturas, que hacen referencia al mundo mineral y a la esfera sagrada, son enigmas atemporales.

Otra gran artista es Steinunn Thorarinsdóttir, que se formó como escultora en Italia. En los últimos cuarenta años ha expuesto en Europa, Australia y Japón. Sus figuras humanas, anónimas, desnudas y de tamaño natural, trepan por la pared o te hacen compañía en un banco.

El centro de Reikiavik está repleto de esculturas modernas. Varios museos están dedicados a un único escultor, por ejemplo, el Museo Einar, donde se exponen sus esculturas abstractas, o el Museo Ásmundur Sveinsson (Ásmundarsafn), que alberga 370 esculturas en madera, yeso, arcilla, piedra, metal o bronce del pionero de la escultura islandesa.

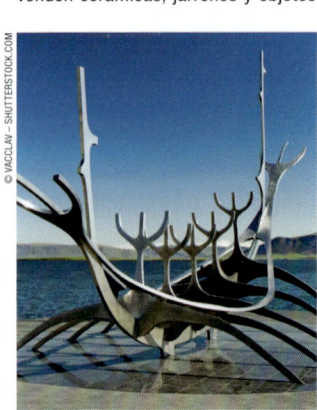

El viajero del sol, *una escultura de Jón Gunnar Árnason, en Reikiavik.*

FIESTAS

Febrero

■ NOCHE DE LOS MUSEOS
REIKIAVIK

Todos los años, en febrero, la cultura se convierte en la gran protagonista de la capital de Islandia. Durante varias noches, los museos abren sus puertas a lugareños y turistas de forma totalmente gratuita. A eso se suma que los museos no cierran hasta después de medianoche, y de ahí el nombre del evento. Además, se programan muchos espectáculos de animación callejera, algunos dedicados a los niños, exposiciones especiales... ¡Una forma estupenda de disfrutar de todos los museos gratis!

Marzo

■ FOOD AND FUN FESTIVAL
REIKIAVIK

www.foodandfun.is

Todo un referente, este festival reúne a chefs de Europa y Norteamérica en la capital de Islandia. ¿Su objetivo? Convertirse en el Food and Fun Chef of Year elaborando suculentos platos a base de productos locales (pescado, marisco, cordero, leche, etc.), que figurarán en las cartas de los restaurantes participantes de la capital. Además de ofrecer un sinfín de delicias culinarias, también es una gran oportunidad para degustar algunos de los mejores platos islandeses y aprovechar una serie de ofertas especiales. Una cita ineludible para los amantes de la buena mesa.

Abril

■ ALDREI FÓR ÉG SUÐUR (FESTIVAL DE MÚSICA)
ÍSAFJÖRÐUR

www.aldrei.is

Creado en el año 2004 por el músico islandés Mugison, este festival de música se celebra durante la Semana Santa en Ísafjörður, una bella localidad del noroeste.

Totalmente gratuito, está dirigido principalmente a los aficionados al rock, aunque todo el mundo puede disfrutar de este evento que reúne a artistas locales e internacionales. Se celebra en una antigua fábrica, donde se puede ver actuar a los artistas uno tras otro, por el simple placer de actuar. Su nombre significa «Nunca he ido al sur».

■ FESTIVAL LITERARIO DE REIKIAVIK
REIKIAVIK

www.bokmenntahatid.is

Los islandeses disfrutan contando historias, como demuestran sus famosas sagas. Por eso no es de extrañar que el Festival de Literatura de Reikiavik sea un acontecimiento tan importante. Durante el evento se puede asistir gratuitamente a charlas y entrevistas en inglés por toda la ciudad. También se invita a muchos autores, entre ellos grandes nombres como Margaret Atwood (*El cuento de la criada,* la novela en la que se basa la conocida serie del mismo título).

Mayo

■ REYKJAVÍK ARTS FESTIVAL
REIKIAVIK
www.listahatid.is/en
Este festival, que se inició en 1970, abarca todas las artes: fotografía, escultura, teatro, música, pintura, literatura, danza... Se celebra a finales de la primavera y los diferentes eventos tienen lugar en las calles, las salas de espectáculos (teatro nacional, Harpa...) y los museos de la capital. El festival se enorgullece de haber acogido a artistas, bandas, grupos, directores de orquesta y autores nacionales e internacionales famosos, desde Led Zeppelin hasta Daniel Barenboim, pasando por Erró, John Cage, Luciano Pavarotti o Siurdi Luxe Cohen.

Junio

■ DÍA DE LA INDEPENDENCIA
REIKIAVIK
En Islandia, la fiesta nacional se celebra todos los años el 17 de junio. Hasta 1944, Islandia pertenecía a Dinamarca. Esta fecha fue elegida después de la proclamación de la independencia en homenaje al día en que nació Jón Sigurdsson, antiguo líder del movimiento pacifista por la independencia del país. Por la mañana tiene lugar una ceremonia oficial, y los eventos festivos duran desde la tarde hasta la noche. Hay que tener en cuenta que coincide con un día festivo en Islandia.

■ SECRET SOLSTICE
REIKIAVIK
www.secretsolstice.is
Desde 2014, este evento aúna la música con la celebración del sol en Reikiavik.

Unos días después del solsticio de verano, este festival permite disfrutar del sol de medianoche, ese famoso período de «noche sin noche» en Islandia, con alegría y buen rollo musical. Cada año participan en él más de cien artistas, entre ellos grandes nombres, como, por ejemplo, Black Eyed Peas, Rita Ora y Cypress Hill, así como nuevos talentos. Comprometido con el desarrollo sostenible, el festival también hace un uso intensivo de las energías renovables.

Septiembre

■ REYKJAVÍK INTERNATIONAL FILM FESTIVAL
REIKIAVIK
www.riff.is
Los amantes del cine no querrán perderse el Festival Internacional de Cine de Islandia. Cada año, el RIFF es uno de los grandes acontecimientos de la capital, que reúne a celebridades y películas de todo el mundo, así como producciones locales. Además de exhibir cine independiente, el evento es una forma estupenda de disfrutar de la ciudad de una manera diferente, ya que algunas piscinas, por ejemplo, organizan proyecciones de películas en pantalla gigante para verlas desde los baños calientes.

Noviembre

■ ICELAND AIRWAVES
REIKIAVIK
icelandairwaves.is
Uno de los festivales más innovadores del ámbito musical y probablemente el más famoso de Islandia. Patrocinado por el grupo Icelandair y la aerolínea Sena, Iceland Airwaves se celebra en

Reikiavik con conciertos en numerosos emplazamientos de la ciudad.

Información práctica: Icelandair suele ofrecer paquetes especiales que incluyen vuelos de ida y vuelta más la entrada al festival, o un paquete más completo (vuelos de ida y vuelta, alojamiento, desayunos, traslados y entrada). Así que aprovecha el momento.

Diciembre

■ MERCADILLOS NAVIDEÑOS
REIKIAVIK

Anímate a disfrutar de las fiestas de Navidad en los diversos mercadillos navideños de la capital y sus alrededores. El más tempranero (a finales de noviembre) es el de Ellidavatnsbaer, aunque queda un poco lejos de Reikiavik. Sin embargo, solo abre de 12 a 17 h los fines de semana. En el centro, en la plaza Ingólfstorg, no te pierdas la pista de hielo

y los puestos festivos por las tardes. Hay otros mercados por descubrir en Hjartagarður, en el parque Laugardalur, en el Museo al Aire Libre… Cada año se instalan algunos nuevos, así que es mejor que preguntes antes de viajar.

■ NAVIDAD Y AÑO NUEVO
REIKIAVIK

Durante el período navideño, las tiendas se engalanan con decoraciones que reflejan las leyendas islandesas, como el *Christmas cat* (o *Jólakötturinn* en islandés), que devora a los niños que no reciben ropa nueva antes de la Navidad, o los trece duendes de Navidad, los *yule lads,* a los que les encanta sembrar el caos. En cuanto a restaurantes, hay muchos bufés navideños para elegir. Por último, en Nochevieja, la mayoría de los islandeses salen de sus casas para asistir a fiestas o para admirar los magníficos fuegos artificiales que ellos mismos organizan.

DESCUBRE

© KRISTI BLOKHIN – SHUTTERSTOCK.COM

COCINA LOCAL

Productos y especialidades

La vida es cara en Islandia, sobre todo los productos importados, a excepción de las patatas.

En la isla abundan las ovejas, el pescado (salmón, arenque) es relativamente barato y las aves son muy populares: frailecillos, gansos, patos, araos, huevos de gallina (caros), lagópodos escandinavos. Los islandeses están orgullosos de sus productos lácteos, que consumen habitualmente (prueba el denso y cremoso *skyr* con nata y mermelada de arándanos). Islandia no importa quesos, porque produce ochenta tipos diferentes: brauðostur y tilsitter (parecidos al edam), óðalsostur (parecido al emmenthal), skólaostur, muy suave, búri (similar al havarti), gráðaostur (azul), mysingur/mysuostur (quesos marrones para untar). Las panaderías (*bakarí*) escasean; se encuentran sobre todo en el oeste y el norte, en las ciudades más grandes, y ofrecen: *seytt rúgbrauð* (pan de centeno cocido al vapor, muy denso y muy nutritivo), *flatkökur/flatbrauð* (un tipo de panqueques, tortitas planas de centeno, cocidas entre cenizas). Los pasteles y la bollería pueden ser deliciosos y muy nutritivos, con la canela como ingrediente estrella. El chocolate islandés es bueno, aunque muy caro.

Bebidas

El agua (*vatn*) es uno de los grandes tesoros del país, y empieza a exportarse embotellada. De los manantiales o de los grifos de agua caliente sale un desagradable olor a azufre, pero no influye en absoluto en la calidad del agua, y uno se acostumbra pronto. A los islandeses les gusta beber refrescos, especialmente Coca-Cola® y Pepsi®, los más vendidos. En los bares y cafeterías, sobre todo

El harkal es una especialidad islandesa de tiburón curado.

en las situadas en las estaciones de servicio, se sirven bebidas calientes en modalidad bufé libre. En cuanto a las bebidas alcohólicas, la cerveza ligera (*öll*) se encuentra en casi todas partes, por ejemplo, la cerveza Viking. La cerveza más potente (*bjór*) solo se puede beber en bares con licencia. Únicamente las tiendas estatales están autorizadas a dispensar al por menor licores fuertes, cerveza con alcohol, vino o champán. Ten en cuenta que cierran muy temprano. No olvides probar el vodka islandés, el Aquavitae, y el famoso Brennivín.

Cinnabon.

DESCUBRE

Hábitos alimenticios

Los islandeses comen tres veces al día. El desayuno en las casas particulares, que se denomina «desayuno continental» como en los hoteles, es muy abundante. Algunos restaurantes ofrecen un menú turístico a la hora de comer, con sopa de entrada, un plato de carne o pescado y café, todo por un precio módico para los estándares islandeses. La cena, en cambio, es mucho más cara, aunque los platos que componen el menú sean a veces los mismos que los del almuerzo.

Diferentes tipos de restaurante

▸ **Estaciones de servicio**. En muchos pueblos, la gasolinera es el centro de todo: gasolina, correos, banco, parada de autobús, tienda de comestibles y... restaurante. Las estaciones abren a primera hora de la mañana y cierran entre las 20.30 y las 23 h, dependiendo de donde te encuentres.

▸ **Comida rápida.** En Islandia, los precios son casi el doble de caros que en España. La comida no suele ser de buena calidad, aunque hay excepciones. La hora de cierre es entre las 23 y las 24 h.

▸ **Pizzería.** Los restaurantes italianos son siempre una buena alternativa a la comida rápida, las gasolineras y los restaurantes típicos. Una vez más, los precios son más altos que en España. El último servicio es alrededor de las 22 h.

▸ **Restaurante típico.** Dependiendo de las especialidades que ofrece y de su reputación, tiene rangos de precios muy diferentes. En comparación con los restaurantes de los hoteles, ofrece la ventaja de un entorno menos estricto. El servicio termina entre las 22 y las 23 h.

▸ **Restaurantes de los hoteles.** Ofrecen menús variados, a menudo de buena calidad, pero suelen ser caros. Los restaurantes de la cadena Icelandair ofrecen comida de buena calidad. Sin embargo, hay que consultar bien los horarios de cierre, porque pueden cerrar incluso a las 21 h en los hoteles pequeños, sobre todo en temporada baja.

DEPORTES Y OCIO

Las posibilidades son infinitas, tanto en verano como en invierno. Los amantes de los deportes al aire libre no quedarán decepcionados: senderismo, BTT, rafting, esquí sobre hielo, espeleología, escalada en roca (sobre hielo o sin), equitación, safaris, espeleología en fallas de lava, kayak, piragüismo... ¡La elección es tuya!

Rutas a pie

En invierno, las excursiones son cortas, de un día, y en verano, existe la posibilidad de atravesar las tierras del interior y acampar. Este es el gran viaje islandés, porque la isla se descubre mejor a pie. Vayas donde vayas, verás a entusiastas del deporte embarcados en expediciones para conquistar volcanes y glaciares, para experimentar la naturaleza en su vertiente más hostil y bella al mismo tiempo.

Rafting y kayak

Solo en verano. El rafting es un deporte extremo que permite experimentar emociones fuertes mientras descubres el paisaje islandés. En muchas partes del país, acompañado de guías experimentados, podrás *cabalgar* por las espumosas aguas blancas de ríos glaciares mientras se precipitan por estrechos cañones.

Hay distintas modalidades de rafting, e incluso se organizan excursiones familiares. Hay empresas que se dedican al rafting en el río Hvítá, en el sur de Islandia, cerca de Geysir y Gullfoss, así como cerca de Varmahlíd, en el norte, y Egilsstaðir, en el este.

Motos de nieve y senderismo por glaciares

En verano en los glaciares, y en invierno por todas partes. A raíz del creciente interés por las motos de nieve y otros monstruos con tracción en forma de oruga o a las cuatro ruedas, cada vez son más los proveedores de servicios que ofrecen diversas excursiones guiadas con el imprescindible conductor experimentado. Los destinos más populares son los glaciares de Snæfellsjökull, en la península al norte de Reikiavik, los glaciares de Langjökull, en Borgarfjörður, y los de Vatnajökull, al suroeste, cerca de Höfn.

Esquí

En invierno, se practica sobre todo en las afueras de Reikiavik, en Bláfjöll, pero debido al calentamiento global de los últimos años, las pistas solo abren unos días. En el norte del país hay otras pistas con más nieve en la región de Akureyri, en la montaña de Hlíðarfjall. Dalvík, por su parte, es una ciudad famosa por la práctica del esquí alpino.

Trineos tirados por perros

En verano en los glaciares y en invierno por todas partes. El trineo tirado por perros no es el deporte más desarrollado en Islandia, pero varias agencias ofrecen recorridos por la isla. Las excursiones se organizan principalmente en invierno, de enero a mayo, en las mesetas elevadas, y duran como mínimo una hora.

PERSONAJES ILUSTRES

Björk

Björk (cuyo nombre completo es Björk Guðmundsdóttir), nacida en 1965, se crió en una comunidad hippy, donde creció en total libertad. Niña precoz, a los cinco años ya se sabía de memoria el musical *Sonrisas y lágrimas*. A los doce grabó su primer LP, un álbum de canciones infantiles titulado *My Arab Boy*, que la convirtió en una celebridad local. A los 13 años formó parte de un grupo punk. Grabó un álbum con un cuarteto de jazz antes de unirse al grupo musical KUKL y, en 1986, a The Sugarcubes. Con unos amigos, creó una editorial multimedia, Bad Taste. En 1993, Björk inició su carrera internacional en solitario. Instalada en Inglaterra, grabó su fascinante *Debut*, una mezcla de hip-hop futurista, salsa con instrumentos de viento, rave intimista y jazz. Su canto explora los misterios de la fonética. En 2000 apareció en la película de Lars von Trier *Bailar en la oscuridad*, que le valió el premio a la mejor actriz en Cannes. A partir de ahí los álbumes se fueron sucediendo.

En 2006, se reunieron todos sus álbumes en solitario en una reedición especial y, catorce años después de su separación, The Sugarcubes se reunieron en el escenario de Reikiavik para celebrar el 20 aniversario del grupo. Su álbum de 2011, *Biophilia*, explora cómo funciona el sonido y la infinita extensión del universo, desde los sistemas planetarios hasta las estructuras atómicas. A su álbum de 2015, *Vulnicura*, le siguió el igualmente exitoso *Utopia* en 2017. Björk también es conocida por su compromiso y su participación activa para defender el medio ambiente en su país, por ejemplo, manifestándose en contra de la megarrepresa destinada a la explotación del aluminio por parte de empresas estadounidenses. Su último álbum, *Fossora*, se publicó en 2022, mientras que una película-concierto grabada en Lisboa se proyectó en los cines españoles en 2025.

Olafur Eliasson

Este artista islandés-danés, nacido en 1967, dirige un laboratorio centrado en el «arte climático» y se describe a sí mismo como un creador de atmósferas. Se dio a conocer en 2003 con su proyecto *Temps*, que se expuso en la Tate Modern de Londres, compuesto por un sol formado por miles de bombillas que atrajo a dos millones de visitantes. En 2007 recibió el premio Joan Miró, y en 2008 creó *Chutes* (*The New York City Waterfall*), una obra monumental que se instaló bajo los pilares del puente de Brooklyn, en Nueva York. En Reikiavik, diseñó la fachada de la sala de conciertos Harpa. De Versalles a Tokio, pasando por Estambul y San Francisco, el artista sigue exponiendo en cualquier parte del mundo, con la preocupación medioambiental como eje central de sus proyectos.

Vigdís Finnbogadóttir

Expresidenta de la República de Islandia, esta antigua directora del teatro nacional, elegida en 1980 para un mandato de cuatro años por sufragio universal indirecto, representaba los valores nacionales de los que los islandeses se sienten tan orgullosos y defienden fervientemente. Esto es lo que le permitió a Vigdís Finnbogadóttir ser reelegida en cada una de las elecciones a las que concurrió entre 1980 y 1996.

No solo fue la primera mujer presidenta de un Estado democrático, sino que gozó de una popularidad y una longevidad en el cargo que muchos jefes de Estado han envidiado. Su sucesor, Ólafur Ragnar Grímsson, de la Alianza por el Pueblo, fue elegido después de que ella renunciase a presentarse para un quinto mandato. También fue una excelente jugadora de balonmano. Actualmente es Embajadora de Buena Voluntad de la Unesco.

Eiður Guðjohnsen

Nacido el 15 de septiembre de 1978 en Reikiavik, es el mejor futbolista islandés de la historia. Tras formarse en el Valur Reikiavik, abandonó el club a los 16 años para fichar por el PSV Eindhoven, donde jugó junto a Ronaldo. Gravemente lesionado durante dos años, regresó a Islandia para jugar en el KR, un club que parecía abocado al fracaso. Pero gracias a su tenacidad y a su excepcional talento, volvió a llamar la atención y fue fichado por el Bolton Wanderers, entonces en la segunda división inglesa. En su segunda temporada, marcó 13 goles y fue fichado por el Chelsea en el año 2000, con un contrato valorado en la cifra récord de 7,5 millones de euros para un jugador islandés. Se consolidó al más alto nivel gracias a su físico infalible, su impresionante determinación y su notable inteligencia. A pesar de la competencia de estrellas como Zola, Mutu y Drogba, logró mantener su gran nivel, actuando a menudo como un eficaz comodín. Sin embargo, en junio de 2006, decidió fichar por el FC Barcelona, donde rápidamente encontró un lugar en la titularidad, de nuevo en el papel de comodín de lujo. Antes de retirarse en 2016, vistió también las camisetas del Brujas (Bélgica), Bolton (Inglaterra), Shijiazhuang Yongchang (China) y Molde FK (Noruega). Sus tres hijos intentan seguir sus pasos, como de hecho hizo él mismo, pues era hijo de futbolista. El que mejor lo está haciendo es Andri, que jugó en el equipo belga de La Gantoise y en la selección nacional en 2025.

Einar Kárason

Las novelas de este escritor de la nueva generación son éxitos de ventas en Islandia. Ha escrito una trilogía de gran éxito, *Devil's Isle*, que reúne las novelas *Where Devil's Isle Rises*, *The Isle of God* y *The Promised Land*. La historia está ambientada en la Reikiavik de los años 1950 y retrata con humor la vida de una familia cuya cultura, la típica de los granjeros y pescadores isleños, choca con la de una familia estadounidense que ha venido a instalarse en la base del ejército norteamericano, caracterizada por personajes míticos como Marlon Brando y Elvis Presley. Fue llevada al cine, donde ganó el premio a la mejor película nórdica en 1997. Otras obras que cabe destacar son *La sabiduría de los necios* (2000) y *Aves de tormenta* (2021).

VISITA

REIKIAVIK
Y ALREDEDORES

REIKIAVIK ★★★★

Reikiavik, la «bahía humeante», es la capital más septentrional del mundo. Según las sagas y otros relatos, fue fundada a principios de la década del 870 por Ingólfur Arnarson, un vikingo de los fiordos noruegos. Durante siglos, solo fue una pequeña aldea agrícola. La ciudad no despegó realmente hasta el siglo XVIII. En 1786, fue reconocida como la capital del país, aunque, según el censo de población, solo vivían en ella 351 personas. Ahora residen aquí 2/3 de la población de Islandia. En todos los barrios, ya sean antiguos o más recientes (la ciudad crece a gran velocidad), la impresión que tendrás es de calma. Reikiavik será sin duda tu primer encuentro con la isla, una suave transición hacia la naturaleza virgen islandesa. Pero no la pases por alto, ya que ofrece toda la infraestructura cultural y económica de una auténtica capital. De todas formas, resulta bastante sorprendente comprobar que carece de un verdadero patrimonio histórico. Esto se debe en parte a que el principal material de construcción utilizado en la isla era la madera, muy escasa, por lo que siempre que se ha podido, se ha reutilizado. Los edificios más antiguos de la capital datan de hace apenas dos siglos.

CENTRO

▶ **El centro del casco antiguo** se encuentra entre Tjörnin, el «lago», y el

Vista de Reikiavik.

puerto. El límite invisible elegido para esta guía es la calle Lækjargata, que va desde el extremo noreste del lago hasta el edificio Harpa. Austurstræti es una de las principales calles peatonales, que transcurre junto a la plaza Austurvöllur, originalmente uno de los prados de la gran extensión de terreno donde el primer colono, Arnarson, estableció su granja. En el centro de la pequeña plaza se encuentra una estatua de Jón Sigurðsson, un político islandés del siglo XIX conocido por su lucha por la independencia. Frente a su estatua se alza el Parlamento, cuyo edificio de piedra oscura data de 1881. Entre este y el lago Tjörnin se halla el Ayuntamiento, un edificio moderno que fue muy criticado cuando se construyó.

▸ **El puerto** (mercante y pesquero) es la segunda zona principal del casco antiguo. Desde aquí se puede disfrutar de hermosas vistas de las coloridas colinas del Esja, de la península de Seltjarnarnes, de la isla de Viðey e incluso de las chimeneas de Akranes. En un día despejado, incluso se puede ver el cono perfecto del Snæfellsjökull más al noroeste. En la explanada principal, unos paneles bien diseñados cuentan la historia del puerto. Si caminas por Geirsgata junto al puerto, continúa hasta los bonitos edificios de color azul y verde que bordean la orilla del agua. Sigue el espigón Ægisgarður, que cierra lo que se conoce como el puerto viejo de Reikiavik (Gamla Höfnin), y verás el moderno Harpa, el Centro de Conciertos y Conferencias de la ciudad.

▸ **En el extremo occidental de la ciudad** se encuentra la península de Seltjarnarnes, conocida por sus zonas residenciales, su campo de golf rodeado por las olas, su reserva natural, su hermosa playa de arena y su faro.

ESTE Y LA COLINA DE ÖSKJLID

▸ **Situado al este del centro de la ciudad,** en el extremo de la calle Laugavegur, Laugardalur, el «valle de las aguas termales», es el distrito de negocios, ocio y deportes de la capital. Muy cerca del camping, aquí se encuentra la piscina al aire libre más grande de Reikiavik, el jardín botánico, el zoo —donde retozan los animales que componen la fauna islandesa— y el estadio de fútbol donde los jugadores de la selección nacional levantan pasiones. Más lejos, pero aún dentro de los límites de la ciudad, discurre el Elliðaá, un río poblado por numerosos salmones.

▸ **Al sur de la ciudad,** en la colina de Öskjuhlið, la cúpula de Perlan se eleva sobre los depósitos de agua caliente como una nave espacial lista para despegar. El agua de las fuentes termales se almacena aquí a la espera de ser utilizada para calentar los hogares de la capital. En invierno, incluso las aceras de Reikiavik se calientan con energía geotérmica, que es económica y respetuosa con el medio ambiente. Sin embargo, los niveles de consumo actuales han hecho que las capas freáticas subterráneas de agua caliente estén a un nivel inferior, lo que tiene como consecuencia que las fumarolas que atrajeron a los primeros colonos a la «bahía humeante» de Arnarson ya no se vean por ningún lado. Bajo la sombra de la colina de Öskjuhlið, no lejos de la playa geotérmica de Reikiavik, están las pistas del aeropuerto nacional, creado en 1940 por los británicos para

CENTRO DE REIKIAVIK

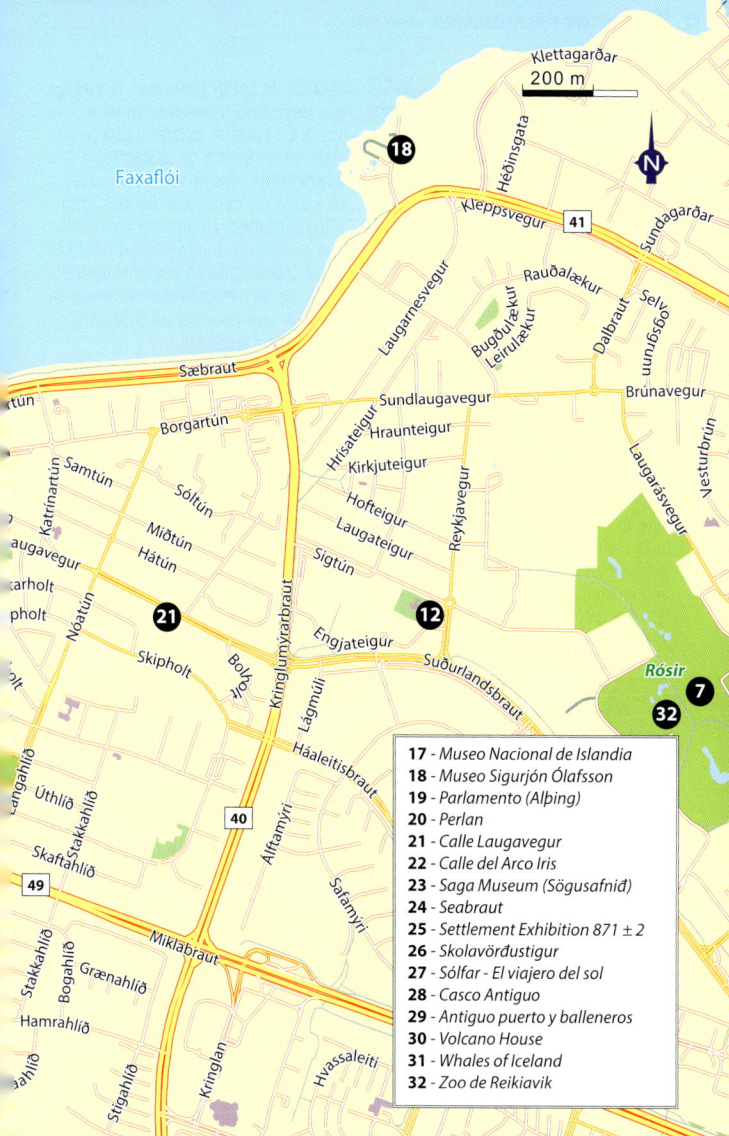

Klettagarðar

200 m

Faxaflói

18

Kleppsvegur · 41

Héðinsgata

Sundagarðar

Rauðalækur
Bugðulækur
Leirulækur
Dalbraut
Selvogsgrunn
Brúnavegur

Sæbraut

Laugarnesvegur

Sundlaugavegur

Borgartún

Hrísateigur
Hraunteigur
Kirkjuteigur
Hofteigur
Laugateigur
Sigtún

Reykjavegur

Laugarásvegur
Vesturbrún

Samtún
Katrínartún
Sóltún
Miðtún
Hátún
Nóatún

Laugavegur

Skarholt
pholt

21

Skipholt

Borgarholt
Bolholt

Kringlumýrarbraut

Engjateigur

12

Suðurlandsbraut

Rósin

7

32

Lágmúli
Háaleitisbraut

40

Langahlíð
Úthlíð
Stakkahlíð
Skaftahlíð

Álftamýri
Safamýri

49

Stakkahlíð
Bogahlíð
Grænahlíð
Hamrahlíð

Miklabraut

Kringlan
Stigahlíð
Suðurhlíð
Hvassaleiti

controlar el Atlántico Norte. Luego los británicos fueron sustituidos por los estadounidenses. Fue en esta época cuando el gobierno islandés prohibió en secreto la entrada en la isla a las personas de color, una situación que duró hasta que se hizo pública en 1959. Sin embargo, las cosas no cambiarían hasta la década de 1970.

LAUGAVEGUR Y HALLGRÍMSKIRKJA

Laugavegur es una de las vías comerciales más antiguas de la ciudad. Debe su nombre a las aguas termales donde las mujeres acudían a lavar la ropa. La calle Bankastræti se convierte en Laugavegur, parte de la cual es peatonal, mientras que la calle Skólavörðustígur conduce a la Hallgrímskirkja —la iglesia más emblemática de la ciudad, cuya atrevida arquitectura simboliza las características geológicas del país (columnas de basalto, glaciares, etc.)— y a la imponente estatua de Leifur Eiríksson, el vikingo que descubrió Norteamérica en el año 1000. La torre de la iglesia ofrece una vista panorámica de la capital y sus alrededores. El barrio es una mezcla de calles residenciales, tiendas, bares y restaurantes. Desde las callejuelas que conducen desde el lago hasta la iglesia, donde reina un ambiente bastante tranquilo, se pasa a la efervescencia de las calles que desembocan en la animada avenida de Laugavegur.

En esta gran vía comercial se encuentran las principales marcas locales, así como tiendas de recuerdos, centros de información turística, bares de moda y restaurantes de todo tipo. A continuación, Laugavegur se dirige directamente hacia el este, pasando por Hlemmur, donde se cruzan varias líneas de autobuses, para desembocar en la calle Kringlumýrarbraut. Esta parte oriental de la avenida, más allá del cruce con Snorrabraut, es menos atractiva, aunque sigue siendo una agradable zona residencial.

INFORMACIÓN PRÁCTICA

■ **ARCTIC RUNNING**
✆ +354 8579797
www.arcticrunning.is
¿Te gustaría dedicarte a tu pasión de correr en plena naturaleza? Arctic Running, con sede en Reikiavik, ofrece un concepto original de *trail running* en plena naturaleza islandesa acompañado por guías. Las rutas, diseñadas para diferentes niveles de habilidad, van desde salidas de 5 a 10 km hasta etapas más exigentes de 20 a 35 km diarios. Esta fórmula transforma la visita turística en una inmersión activa, lo que te permitirá descubrir el país de una forma diferente.

© CAMILLE ESMIEU

Calle Skólavörðustígur, con la catedral al fondo.

© RUBEN M RAMOS - SHUTTERSTOCK.COM

Plaza Austurvöllur.

Es posible realizar excursiones de un día con recogida desde la capital, de varios días o en grupo, según tus necesidades.

QUÉ VER – QUÉ HACER

Centro

■ **AURORA REYKJAVÍK – THE NORTHERN LIGHTS CENTER** ⭐⭐
Fiskislóð, 53
✆ +354 780 4500
www.aurorareykjavik.is
Es necesario visitar este pequeño y eficiente museo antes de salir a buscar auroras boreales. Así entenderás a fondo este fenómeno natural. Empezarás aprendiendo su significado a través de los mitos creados por los diferentes pueblos del Gran Norte, y luego ya pasarás a conocer la información científica. En la tienda de recuerdos, no olvides probar las gafas 3D reservadas a los visitantes de la exposición, que te sumergirán en un espectáculo de auroras boreales más espectaculares que las verdaderas.

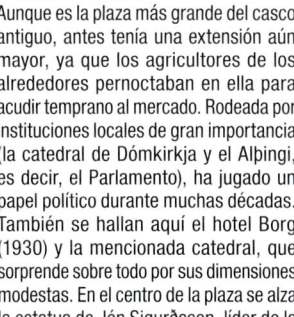

■ **AUSTURVÖLLUR** ⭐
Aunque es la plaza más grande del casco antiguo, antes tenía una extensión aún mayor, ya que los agricultores de los alrededores pernoctaban en ella para acudir temprano al mercado. Rodeada por instituciones locales de gran importancia (la catedral de Dómkirkja y el Alþingi, es decir, el Parlamento), ha jugado un papel político durante muchas décadas. También se hallan aquí el hotel Borg (1930) y la mencionada catedral, que sorprende sobre todo por sus dimensiones modestas. En el centro de la plaza se alza la estatua de Jón Sigurðsson, líder de la lucha por la independencia en el siglo XIX.

■ **GALERÍA NACIONAL DE ISLANDIA (LISTASAFN ÍSLANDS)** ⭐⭐
Fríkirkjuvegur, 7
✆ +354 515 9600
www.listasafn.is
Este bonito museo a orillas del lago Tjörnin (con unas vistas excepcionales desde sus ventanas) ofrece un interesante recorrido por el panorama artístico islandés de los siglos XIX y XX. Aquí podrás contemplar

las obras de muchos pintores paisajistas influidos por los impresionistas. También se celebran exposiciones temporales a lo largo del año. Dispone de una cafetería y una tienda de regalos bien surtida. La entrada es gratuita para los menores de 18 años, así que es perfecto para visitarlo en familia.

■ GRÓTTA ★★
Seltjarnarnes
Este pequeño y ventoso islote es visitable cuando hay marea baja (horarios indicados al inicio del pasaje, cerrado de mayo a julio), y se reconoce desde la lejanía por su faro y por dos pequeñas casas de colores. Desde el islote se tiene una hermosa vista de Akranes. No muy lejos, se pasa junto a unos antiguos secaderos de pescado. No dejes de saludar a las focas que toman el sol en las rocas circundantes y, si miras hacia el sur, podrás distinguir las crestas de las montañas de Reykjanes, incluido el cono perfecto de Keilir. Conviene saber que es un lugar bastante popular para observar auroras boreales en invierno.

■ LAGO TJÖRNIN ★★
Tjörnin
Tjörnin es un pequeño lago situado en pleno centro de la ciudad, que atrae tanto a los islandeses como a los turistas por igual. Es casi imposible no detenerse si vas desde el centro de la ciudad hasta el distrito universitario. Está rodeado por las residencias más espectaculares del casco antiguo, y dependiendo del clima, muy cambiante, tiene un aspecto brillante, metálico o más oscuro. Hay unos cuantos bancos que invitan a pasar largos ratos contemplando y observando las numerosas aves isleñas que frecuentan sus orillas e islotes. En invierno, cuando

hace suficiente frío, ¡también puede utilizarse como pista de hielo!

■ MERCADILLO DE KOLAPORTIÐ ★★
Tryggvagata, 19
www.kolaportid.is
Frente al puerto antiguo.
Aquí tienes un lugar estupendo para descubrir la Islandia popular: el único mercadillo del país. Venden de todo: libros de segunda mano, discos de vinilo locales y extranjeros, jerséis de lana, zapatos, ropa variada, cuadros… Los pequeños puestos de comida ofrecen pescado seco, marinado o congelado, carnes locales (caballo, frailecillo, cordero), pan negro y pasteles de diversos tipos, a precios muy razonables, que no encontrarás en ningún otro sitio. No te lo puedes perder.

■ MUSEO DE ARTE CONTEMPORÁNEO ★
Tryggvagata, 17
✆ +354 411 6400
www.artmuseum.is
Es una sucursal del Museo de Arte de Reikiavik, inaugurada en el año 2000. Ocupa un gran edificio portuario (Hafnarhús) que parece bastante sencillo por fuera. El edificio data de la década de 1930 y fue renovado entre 1998 y el año 2000. Está distribuido en varias plantas alrededor de un patio rectangular. El diseño interior es muy agradable: madera, cristal, hormigón crudo y metal. La colección permanente está dedicada a Erró, concretamente a los retratos del artista, mientras que el resto del espacio se destina a exposiciones temporales de los grandes y los no tan conocidos nombres de la escena artística local.

■ **FALOTECA NACIONAL (REÐASAFN PHALLOLOGICAL MUSEUM)**
Reykjastræti, 4
✆ +354 561 6663; www.phallus.is
Este lugar, que dice ser único en el mundo, está enteramente dedicado a los falos. Cuatrocientas especies de penes, la mayoría encontrados en Islandia, se exponen disecados o bañados en formol, entre ellos un impresionante pene de ballena. También se expone todo tipo de objetos fálicos. Aunque no es imprescindible, se trata de un museo diferente y único. También se puede hacer una parada en el bar para degustar un gofre con forma de falo o probar la Icelandic Penis Ale (IPA).

■ **MUSEO MARÍTIMO DE REIKIAVIK (VÍKIN)** ⭐⭐⭐
Grandagarður, 8
✆ +354 411 6300
www.borgarsogusafn.is
Lógicamente situado en el puerto, este museo recorre la historia marítima del país con la ayuda de maquetas de barcos, mapas, instrumentos de navegación y diversas obras de arte. Esta exposición permite comprender la formidable evolución de la industria pesquera en Islandia, que ha enriquecido al país en pocas décadas. Muy interactivo, es un verdadero placer visitarlo, solo o en familia. También cuenta con un restaurante, el Messinn, donde podrás degustar un excelente marisco.

■ **MUSEO NACIONAL DE ISLANDIA (THJÓDMINJASAFN ÍSLANDS)** ⭐⭐⭐
Suðurgata, 41
✆ +354 530 2200
www.thjodminjasafn.is

Su apariencia gris y austera engaña bastante, porque por dentro es un museo interesante y cálido. Distribuida en dos plantas, una vasta colección ilustra la vida y el arte del país desde la colonización hasta el siglo XX. A lo largo del recorrido, puedes dejarte guiar por una audioguía gratuita y probarte un traje vikingo o visitar la reconstrucción de una casa tradicional. Guardarropa gratuito, algo muy útil en invierno.

■ **PARLAMENTO (ALÞING)**
Austurvöllur
✆ +354 563 0500
www.althingi.is
Situado en la plaza Austurvöllur, se trata de un edificio de basalto gris que acoge el Parlamento de Islandia. Data de 1881 y reemplaza al primer parlamento, que se encontraba en Þingvellir desde el año 930, es decir, el más antiguo del mundo. Es un edificio imponente, diseñado por un arquitecto danés, Ferdinand Meldahl. Se remodeló posteriormente en 2002. Frente a este edifico se reúnen los manifestantes cuando se producen protestas ciudadanas, además de ser también un emplazamiento emblemático de la memoria islandesa. Vale la pena sacarle alguna fotografía.

■ **SAGA MUSEUM (SÖGUSAFNIÐ)** ⭐⭐
Grandagarður, 2
✆ +354 511 1517
www.sagamuseum.is
El museo recorre momentos clave de la historia de Islandia y refleja cómo ha vivido el pueblo islandés durante más de mil años. Los visitantes disponen de una audioguía para realizar el recorrido. Los momentos importantes de la historia del país se ilustran mediante escenas

montadas con figuras de cera muy realistas, cuyo diseño se explica en una proyección que tiene lugar en el mismo museo. Un lugar especialmente interesante, ideal para las familias. El local cuenta con un excelente restaurante, el Matur og Drykkur.

■ CASCO ANTIGUO

Las calles con las casas más antiguas de la capital se alzan a ambos lados del lago Tjörnin. A partir de 1883, la pesca de ballenas trajo consigo un nuevo estilo de vivienda: las primeras casas con tejados de chapa ondulada, diseñadas siguiendo el modelo noruego. Hoy, estas pequeñas casas de madera rodeadas de jardín suelen estar divididas en varios apartamentos.

Más cerca del puerto está la céntrica plaza de Ingolfstorg, donde se encuentra la Fálkahúsiò («Cetrería»), una reconstrucción de la cetrería original utilizada para custodiar las aves de presa de los reyes extranjeros.

■ PUERTO VIEJO Y BARCOS BALLENEROS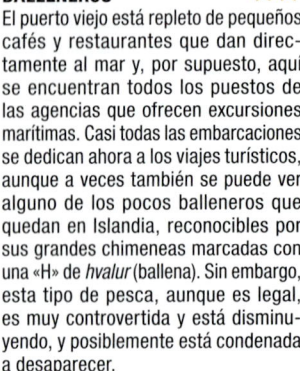

El puerto viejo está repleto de pequeños cafés y restaurantes que dan directamente al mar y, por supuesto, aquí se encuentran todos los puestos de las agencias que ofrecen excursiones marítimas. Casi todas las embarcaciones se dedican ahora a los viajes turísticos, aunque a veces también se puede ver alguno de los pocos balleneros que quedan en Islandia, reconocibles por sus grandes chimeneas marcadas con una «H» de *hvalur* (ballena). Sin embargo, esta tipo de pesca, aunque es legal, es muy controvertida y está disminuyendo, y posiblemente está condenada a desaparecer.

■ WHALES OF ICELAND

Fiskislóð, 23-25
✆ +354 571 0077
www.whalesoficeland.is
Autobús 14.

El objetivo de esta bella e impresionante exposición es educar al público sobre el frágil y fascinante mundo de las ballenas y los delfines. La exposición es un lugar donde aficionados y conocedores por igual pueden experimentar la vida marina a través de una audioguía. Los modelos a tamaño natural muestran la majestuosidad de estos animales. Cabe señalar que la caza de ballenas sigue estando permitida en Islandia, aunque cuenta con una gran oposición.

Este y colina de Öskjuhlíð

■ CEMENTERIO DE FOSSVOGUR (FOSSVOGSKIRKJUGARÐUR)

Fossvogskirkjugarður

Al sur de Perlan se halla el cementerio de Fossvogur, que en 1932 sustituyó al de Suðurgata, en el centro de la ciudad, que se había quedado pequeño. Este cementerio en pendiente, sembrado de verde y arbustos, es un remanso de paz ligeramente alejado del centro de la ciudad. También desempeña un importante papel conmemorativo, con monumentos dedicados a los soldados caídos en las dos guerras mundiales.

■ GÉISER ARTIFICIAL (STROKKUR)

Öskjuhlíð

Para recordar que Reikiavik debe su nombre a las fumarolas de las numerosas fuentes termales que existieron antaño, la empresa que se encarga de proporcionar calefacción a la capital decidió en 1995 recrear una copia exacta de un

© GAGLIARDIPHOTOGRAPHY - SHUTTERSTOCK.COM

Museo al aire libre de Árbær.

géiser. En la actualidad, los géiseres y otros chorros de vapor han desaparecido de la zona de la capital debido al descenso del nivel freático. Este «nuevo géiser», inaugurado en enero de 1998, funciona de dos a cuatro horas al día y alcanza una altura de 20 a 30 metros.

■ **HVAMMSVÍK NATURE RESORT & HOT SPRINGS**
Hvammsvík, 276. Mosfellsbær
℗ +354 510 5900
hvammsvik.com.
45 minutos en coche.
Hvammsvík es una finca familiar de 1200 hectáreas situada en el corazón de Hvalfjörður, el «fiordo de las ballenas», una zona virgen del suroeste de Islandia. A solo 45 minutos de Reikiavik, ofrece a la vez intimidad y accesibilidad todo el año. Cuenta con ocho piscinas naturales calentadas por un manantial geotérmico profundo, donde el agua de mar se mezcla con el agua dulce, con temperaturas que oscilan entre 35 y 40 °C. Algunas se encuentran encaramadas en las rocas, mientras que otras se llenan con el agua de las mareas.

■ **MUSEO AL AIRE LIBRE DE ÁRBÆR (ÁRBÆJARSAFNI)** ⭐⭐
Kistuhylur
℗ +354 411 6300
www.borgarsogusafn.is
Parada de autobús de Árbæjarsafn.
Aunque esté un poco alejado del centro, este museo al aire libre merece una visita. Situado en Árbær, cuenta con 27 edificios (de 1820 a 1907) recuperados de toda Islandia y reconstruidos para conformar un pequeño pueblo, con casas, una iglesia y una granja con cubierta de turba. En los talleres se han recuperado los antiguos oficios islandeses. Muy agradable, este pintoresco museo permite imaginar cómo era el día a día de los islandeses de hace unas cuantas décadas.

■ **CASA-MUSEO DE LAXNESS (GLJÚFRASTEINN)** ⭐
Þingvallavegur, 271. Mosfellsdalur
℗ +354 586 8066
www.gljufrasteinn.is
Se trata de la casa donde vivió Halldór Laxness, el escritor que ganó el Premio Nobel de Literatura en 1955. Está ubicada

en Mosfellsbær, una ciudad que ha crecido rápidamente en las afueras del noreste de Reikiavik. El edificio, muy sencillo, es sorprendentemente pequeño. Alberga una exposición que hará las delicias de los lectores del gran escritor islandés. Dispone de audioguías. El museo, ligeramente a las afueras de la ciudad, en la carretera de Þingvellir, está bien indicado.

■ MUSEO DE SIGURJÓN ÓLAFSSON ⭐

Laugarnestangi, 70
✆ +354 553 2906
www.lso.is
En este pequeño museo, un poco alejado de todo, pero muy cerca del mar, se exponen las esculturas abstractas en piedra, bronce o madera de este famoso artista islandés (1908-1982). Sigurjón Ólafsson, fallecido en 1982, estudió y trabajó en Dinamarca hasta la década de 1930-1940, donde alcanzó el éxito. No regresó a Islandia hasta 1945, pero dejó su huella en el país. En el museo se celebran habitualmente conciertos y exposiciones temporales. Su nombre en islandés es «Listasafn Sigurjóns Ólafssonar».

■ PERLAN ⭐⭐

Öskjuhlíð
✆ +354 566 9000
www.perlan.is
Toma el autobús 18 en Hlemmur.
Perlan es uno de los lugares educativos y de ocio más atractivos de la ciudad. Cinco enormes tanques de agua caliente (que abastecen a la ciudad) se han rematado con una cúpula de cristal, creando un espacio único, con museo, tienda, restaurante y exposiciones. Nuestras favoritas: la exposición «Maravillas de Islandia», un trabajo para sensibilizar al público sobre los recursos naturales del país, y el planetario 8k, con su proyección de auroras boreales. En invierno, es un lugar ideal para intentar ver auroras boreales cuando el cielo no está nublado.

■ PLAYA GEOTÉRMICA (NAUTHÓLSVÍK) ⭐⭐

Nauthólsvík
✆ +354 511 6630
nautholsvik.is
Es una bella playa de arena amarilla (importada de Marruecos), construida en Fossvogur, a los pies de la colina

© FOTOHELIN – SHUTTERSTOCK.COM

Playa geotérmica (Nauthólsvík).

donde se encuentra Perlan. El agua está a 18-20 °C, y la de la minilaguna a 30-35 °C. Se pueden hacer muchas actividades, como jugar a vóley-playa… La vista de Kópavogur y su extraña iglesia es espectacular. La experiencia te encantará. Vale la pena acercarse a este remoto rincón de la capital, especialmente por la mañana, cuando solo lo visitan unos pocos residentes locales.

▪ ZOO DE REIKIAVIK

Múlavegur, 2
✆ +354 411 5900
www.mu.is
Aquí no vas a encontrar un vasto espacio poblado de aburridas especies exóticas, ¡y mucho mejor que sea así! Este pequeño zoo presenta sobre todo especies locales, tanto salvajes como domésticas (zorros, renos, caballos, visones, ovejas, focas), a las que es difícil acercarse en estado salvaje. Modesto y pequeño, es ideal para las familias (que apreciarán los juegos para niños) o si quieres conocer mejor la fauna del país. También hay un pequeño acuario donde se puede aprender más sobre las especies de la costa islandesa.

Laugavegur y Hallgrímskirkja

▪ HALLGRÍMSKIRKJA

Skólavörðuholti
✆ +354 510 1000
www.hallgrimskirkja.is
La famosa Hallgrímskirkja es uno de los símbolos de la capital de Islandia. Se construyó sobre una colina que le sirve de pedestal.

▸ **Debe su nombre a Hallgrím Pétursson,** el mayor escritor islandés del siglo XVII, famoso por sus *Salmos de la Pasión*. Se empezó a construir en 1945, después de la guerra, pero no se terminó hasta 1974 (a excepción de la nave, que se acabó en 1986). El edificio se inspira en la bella geometría de las columnas naturales de basalto, habituales en las tierras volcánicas de Islandia. La blancura del hormigón recuerda a los glaciares y la nieve del país, tan apreciados en la tierra del hielo. Su pureza y originalidad le confieren un carácter muy especial.

▸ **El interior** no puede ser más sobrio y desnudo. A excepción de los órganos, todo es blanco. Se puede subir a lo alto del campanario para disfrutar de una magnífica vista de la ciudad y sus alrededores.
Desde los pies de la torre, puedes dirigirte hacia el paseo marítimo o hacia las calles comerciales. Si tienes hambre, no dudes en hacer una parada en el Café Loki, uno de nuestros establecimientos favoritos de la capital. Escoge uno de sus platos y no te pierdas su famoso y delicioso helado casero.

▸ **A tener en cuenta:** por la noche, la vidriera situada sobre la puerta de entrada se ilumina, dando al lugar un aire aún más misterioso. Para disfrutar de otra vista de la iglesia, toma el caminito que hay detrás, que te llevará a Barónsstígur.

▪ JARDÍN BOTÁNICO (GRASAGARÐUR REYKJAVÍKUR)

Laugardalur
✆ +354 411 8650
www.grasagardur.is
A pesar de su modesto tamaño, este pequeño refugio de naturaleza creado en 1961 es muy interesante. Alrededor

VISITA

de los puntos de agua, junto a los senderos y en los invernaderos, se pueden admirar algunas especies de la flora local, árboles diversos, especies medicinales e incluso algunas plantas exóticas. En total, unas 5000 especies repartidas en 2,5 hectáreas. También hay una cafetería, llamada Flora, abierta en verano, el zoológico municipal y un gran parque para el ocio familiar.

■ MUSEO DE ESCULTURA ÁSMUNDUR SVEINSSON ⭐

Sigtún
✆ +354 411 6430
www.artmuseum.is

Este curioso edificio (mitad iglú, mitad casa de Barbapapá) fue construido por el propio artista Ásmundur Sveinsson, considerado el pionero de la escultura islandesa. Alberga sus colecciones (370 esculturas de madera, yeso, arcilla, piedra, metal o bronce, y unos 2000 dibujos) y su estudio, que legó a la ciudad. La mayoría de sus obras fueron concebidas para espacios públicos, lo que les confiere un carácter un tanto utilitario. El museo se renovó hace unos años.

■ MUSEO EINAR JÓNSSON (LISTASAFN EINAR JÓNSSONAR) ⭐

Eiríksgata, 3
✆ +354 551 3797
www.lej.is

El museo se halla en una gran residencia ajardinada a la sombra de la Hallgrímskirkja. El edificio perteneció al escultor Einar Jónsson, seguramente el artista más conocido de Islandia. Un gran número de sus pinturas y esculturas se exponen en tres plantas. Sus obras, muy modernas, de contornos lisos y depurados, están inspiradas en la mitología y el folclore islandés. Sus últimas creaciones, sin embargo, son más simbolistas. Un bello jardín completa la visita.

■ MUSEO JÓHANNES S. KJARVAL (KJARVALSSTAÐIR) ⭐

Flókagata, 24
www.artmuseum.is

Este museo está dedicado a las obras de Jóhannes S. Kjarval, el pintor más popular de Islandia, nacido en 1885 y pescador en su juventud. Sus compañeros pescadores, reconociendo su talento, organizaron una lotería para pagar sus

© KRISTOF BELLENS - SHUTTERSTOCK.COM

Museo Einar Jónsson (Listasafn Einar Jónssonar).

estudios de arte en el extranjero. Se inspiró en la Islandia rural y en los paisajes únicos de la isla para crear obras que a menudo se describen como románticas, y que reflejan la Islandia de principios del siglo XX. También dispone de una sala destinada a exposiciones temporales.

■ **CALLE LAUGAVEGUR** ⭐⭐

Este eje viario se trazó en su día para conectar el centro de la capital con el valle de Laugardalur, donde los habitantes iban a lavar la ropa en sus aguas termales. Se ha convertido en una calle peatonal en algunos tramos y en la actualidad es la principal calle comercial del centro de la ciudad. Siempre concurrida, atrae a los transeúntes con sus numerosos cafés y tiendas. Los fines de semana también es muy popular entre los turistas. Es el lugar ideal para comprar recuerdos del viaje y regalos para tus seres queridos antes del regreso.

■ **CALLES DE COLORES** ⭐⭐
Njarðagata

La colina situada en la orilla oriental del lago Tjörnin está atravesada por tranquilas calles flanqueadas por coloridas casas. Son un poco más grandes, nuevas y más urbanitas que las de la otra orilla. Pero los pequeños jardines y las vallas de madera nos recuerdan que el campo no está tan lejos. Desde Hallgrímskirkja, se puede bajar hasta el lago por las calles de Njarðagata, Freyjugata o Bragata. Y si tomas por Skálholtssigur, llegarás a la galería de arte pasando por delante de una bella casa-torre. Un bonito paseo para disfrutar de la ciudad sin grandes multitudes.

■ **SÆBRAUT** ⭐

Este eje viario discurre paralelo al paseo marítimo, que actualmente está en plena

transformación. Dispone de un carril para bicicletas y peatones, y puede llevarte al centro si giras a la altura de la calle Laugardalur. Esto te permitirá apreciar la transformación del barrio (edificios residenciales y de oficinas) y contemplar el drakkar metálico llamado *Viajero del Sol*, obra de Jón Gunar Árnason. Desde este esqueleto, que brilla cuando le da la luz del sol, se puede disfrutar de una hermosa vista de las penínsulas situadas frente a la capital. Toma aire, ¡estás en Islandia!

■ **EL VIAJERO DEL SOL (SÓLFAR)** ⭐
Sæbraut
✆ +354 551 5789
https://sunvoyager.is

Esta escultura es un emblema de la capital y una las fotos imprescindibles del viaje. *El viajero del* Sol (*Sólfar* en islandés) fue realizada en 1990 por Jón Gunnar Árnason. Este esqueleto metálico evoca un barco vikingo que se dirige hacia el sol. Muy popular entre los turistas, hay que llegar temprano o tarde para disfrutarla sin gente. Por la noche, desde este punto, también se puede ver la luz de la torre Imagine Peace en la isla de Viðey.

■ **SKÓLAVÖRÐUSTÍGUR** ⭐

Esta larga calle en pendiente conecta Laugavegur con Hallgrímskirkja. Es una calle agradable y colorida, flanqueada por algunas casas bonitas y muchas galerías de arte. Se caracteriza por el arco iris pintado en el suelo a partir de su entrada y durante gran parte de la calle. Pintado inicialmente de forma efímera con motivo del Día del Orgullo de Reikiavik que celebra la comunidad LGBTQ, pasó a ser permanente en 2019. Todos los habitantes tuvieron la oportunidad de participar en esta obra colectiva, incluido el alcalde.

VISITA

GRAN REIKIAVIK

La capital de Islandia sigue expandiéndose hacia el sur y el este. Aunque la crisis ha ralentizado algunas obras, las grúas y excavadoras continúan trabajando en varios distritos. Se han recuperado antiguos pueblos que se han integrado en la zona urbana, y han surgido y siguen surgiendo nuevas ciudades. Estas últimas son sin duda las más exitosas (Mosfellsbær, por ejemplo), porque se construyeron para estar en armonía (en la medida de lo posible) con la naturaleza. Las dos ciudades más grandes de los suburbios son Kópavogur y Hafnafjörður, cada una con sus propios puntos de interés. Más cerca del centro, no hay que olvidar la isla de Viðey, que también merece una visita. Si se dispone de tiempo, toda la zona puede recorrerse en bicicleta o también a pie, gracias a una serie de caminos y pistas aptas para bicicletas.

VIÐEY ⭐⭐

Esta isla situada en la bahía de Reikiavik es a la vez un santuario de aves y un lugar importante de la historia local. Es una gran idea para una excursión veraniega, sobre todo porque la isla es plana y puede recorrerse a pie o en bicicleta (que puede alquilarse allí mismo).

La isla fue ocupada muy pronto, ya que formaba parte de los dominios del primer habitante de Islandia, Ingólfur Arnarson. Más tarde, este pequeño trozo de tierra albergó un monasterio agustino (de 1226 a 1538). Fue aquí donde el último obispo católico construyó un fuerte (*Virkið*) para defenderse de los luteranos daneses. Cuando cayó el fuerte, la isla pasó a manos de la corona danesa. La antigua residencia de los gobernadores daneses, el edificio de piedra más antiguo del país (1755), alberga ahora un restaurante llamado Viðeyjarstofa. También verás una iglesia de madera, cuya primera versión data de 1774 y sigue recibiendo a sus feligreses los domingos. Se han colocado varias esculturas en diversos emplazamientos de la isla, entre ellas *Imagine Peace Tower*, de Yoko Ono. La costa no carece de interés: encontrarás un pequeño acantilado, una cueva y columnas de basalto. Parte de ella está cerrada al público en verano para no molestar a las aves que anidan allí.

◼ IMAGINE PEACE TOWER ⭐

www.imaginepeacetower.com
Esta obra de arte, diseñada por Yoko Ono y situada en la encantadora isla de Viðey, se ilumina del 9 de octubre (fecha del nacimiento de John Lennon) al 8 de diciembre (fecha de su asesinato), del 21 de diciembre (solsticio de invierno) al 1 de enero (Año Nuevo) y del 20 al 27 de marzo (primera semana de primavera). En la fachada del monumento, la frase *Imagina la Paz* está traducida a 24 idiomas. Si tienes la suerte de venir en las fechas adecuadas, podrás admirarlo de cerca si llegas a la isla en barco durante el día o desde el paseo marítimo de Reikiavik por la noche.

KÓPAVOGUR ⭐

Antaño, en esta zona solo había colinas y piedras. El primer censo data de 1703, cuando Páll Vídalín y Árni Magnússon contaron seis granjas en Kópavogur. La localidad era una de las principales

Iglesia de Kópavogur.

sedes del parlamento local, que resolvía disputas y dictaba sentencias. No fue hasta la década de 1940 cuando la población creció considerablemente. La década de 1950 fue una época de grandes cambios, y de 1970 a 1990 se emprendieron importantes proyectos de construcción para acoger a la población. Hoy en día, la ciudad alberga a miles de residentes y ofrece un amplio abanico de infraestructuras.

■ IGLESIA DE KÓPAVOGUR ⭐⭐
Hamraborg
Kópavogur es fácil de reconocer gracias a esta curiosa iglesia con forma de «concha», que se alza en lo alto de una colina y forma parte del escudo de la ciudad. Esta bella iglesia, con el cuerpo del edificio abovedado, rivaliza con la Hallgrimskirkja de Reikiavik. Se construyó entre 1958 y 1962. En el interior, quedarás sorprendido por las soberbias vidrieras de colores que adornan las estrechas aberturas curvadas. Fueron diseñadas por Gerdur

Helgadóttir (1928-1975), una arquitecta local que estudió en Florencia y en París. La iglesia también se ilumina por la noche y su visita merece la pena.

■ MUSEO DE ARTE DE KÓPAVOGUR (GERÐARSAFN) ⭐⭐
Hamraborg, 4
✆ +354 441 7600
gerdarsafn.kopavogur.is
Situado en el corazón de la ciudad, este museo de arte es considerado por muchos como uno de los más bellos del país. Dedicado al arte contemporáneo, muchos artistas islandeses y extranjeros exponen aquí sus obras. Tan insólito por fuera como bello por dentro, fue construido en memoria de Gerður Helgadóttir, pionera de la escultura moderna y del trabajo en vidrio. Es ideal para visitarlo tanto si vas solo como en familia.

■ MUSEO DE HISTORIA NATURAL ⭐⭐
Hamraborg, 6a
✆ +354 441 7200
www.natkop.kopavogur.is

Este museo de historia natural tiene dos interesantes colecciones: una zoológica, con hermosas conchas y animales que viven en Islandia (mamíferos pero sobre todo aves y peces), y la otra la geológica, centrada en los diferentes tipos de rocas presentes en la isla. El museo es uno de los centros de investigación más importantes de Islandia en materia de geología. La entrada es gratuita, y aunque sea pequeño, es un desvío interesante.

■ MUSEO DE DISEÑO Y ARTES APLICADAS

Gardabaer. Garðatorg, 1
☎ +354 512 1525
www.honnunarsafn.is

En una ubicación un tanto apartada, este museo hará las delicias de los amantes del diseño, a pesar de su reducido tamaño. Presenta la obra de diseñadores islandeses desde principios del siglo XX hasta la actualidad, así como de algunos de los grandes nombres escandinavos. Aquí podrás apreciar la creatividad nórdica y comprender la evolución de la moda o la arquitectura en Islandia. Una pequeña y agradable visita para alegrar tu día, con trabajos muy inspiradores, bocetos, *collage* de ideas…

ÁLFTANES ⭐⭐

Entre Kópavogur y Hafnarfjörður, Álftanes se encuentra en la punta de una pequeña península. Cuenta con 2500 habitantes bastante felices de vivir en el campo pero muy cerca de la ciudad (a unos veinte minutos en coche de la capital). Es una pequeña ciudad modelo, rodeada por todas partes de lagos, playas y bahías. A partir de la localidad, se extiende una larga península formada en gran parte por prados y marismas. Poco

conocida por los turistas, es un lugar muy agradable para dar un paseo en bicicleta o emprender una excursión de unas horas. En invierno también es un espacio ideal para contemplar auroras boreales.

■ BESSASTAÐIR

Este conjunto de relucientes edificios blancos es la residencia presidencial, compuesta por una gran granja blanca, una mansión y una iglesia, desde donde se disfruta de una extraordinaria vista de la capital. Tras la independencia, el Estado islandés tomó posesión de la residencia para alojar a sus presidentes. La residencia está rodeada por una hermosa reserva natural y la inmensa laguna de Bessastaðatjörn, un lugar muy visitado por las aves migratorias. Destacar que puedes acercarte al exterior del recinto para admirar el conjunto, pero solo puede visitarse la iglesia.

HAFNARFJÖRÐUR ⭐⭐

Con 25 000 habitantes, Hafnarfjörður es la tercera ciudad más grande de Islandia. Construida sobre un campo de lava a diez kilómetros al sur de Reikiavik, es el primer lugar urbano con el que se encontrarán los turistas que llegan del aeropuerto. Es una de las posibles excursiones cortas (y agradables) desde el centro de la capital islandesa. La pesca ha sido siempre la principal actividad de la ciudad, y el puerto sigue albergando muchas embarcaciones. Las típicas casas islandesas, revestidas de chapa ondulada, siguen bordeando las sinuosas calles de la ciudad, donde la lava se filtra por los lugares más insospechados, como ocurre en la calle Merkurgata.

© FRANS BLOK - SHUTTERSTOCK.COM

VISITA

Hafnarfjörður.

■ MUSEO DE HAFNARFJÖRÐUR ⭐⭐

Vesturgata, 8

✆ +354 585 5780

www.visithafnarfjordur.is

Este museo de historia local está distribuido por distintos edificios. En la sede de Pakkhúsið podrás ver una colección de juguetes antiguos. Sivertsenhúsið (Vesturgata, 6) es el edificio más antiguo de Hafnarfjörður (1803). Perteneció a Bjarni Sívertsen, apodado el «caballero» o «padre de Hafnarfjörður». Ahora restaurado, es un buen ejemplo de casa burguesa del siglo XIX. Por último, Siggubær (Kirkjuvegur, 10) es el hogar de una típica familia de pescadores islandesa del siglo XX. También podrás explorar el jardín de bonsáis que hay al lado.

■ CENTRO CULTURAL DE HAFNARBORG ⭐

Strandgata, 34; ✆ +354 555 5790

www.hafnarborg.is

El Centro Cultural de Hafnarborg organiza exposiciones permanentes y temporales de artistas islandeses y extranjeros durante todo el año. Regularmente, también se puede asistir a conciertos y otros eventos culturales. La entrada es gratuita, así que sería una pena no aprovecharlo si te encuentras por la zona. También es un lugar popular para tomar una bebida caliente o comer, con una relación calidad-precio inmejorable.

■ PENÍNSULA DE REYKJANES ■

Te encuentras en el corazón de una zona de gran actividad geotérmica, que los visitantes suelen descubrir cuando acuden a la famosa Blue Lagoon, y con razón, porque es una *visita obligada* para turistas y locales. No obstante, cuenta con muchos otros lugares que merece la pena visitar, como Krýsuvík (aguas termales y piscinas de barro burbujeante) y las ciudades costeras de Keflavík (principal centro neurálgico de la región) y Grindavík, importantes centros de la historia marítima local. Sus variados paisajes sorprenden por su increíble oscuridad: campos de lava solidificada, acantilados costeros habitados por aves, playas de arena e incluso un puente entre dos continentes. La península es muy fácil de recorrer. Una autovía une la capital con el aeropuerto, y desde allí hay varias carreteras secundarias asfaltadas y bien señalizadas. La península también está surcada por un gran número de rutas de senderismo bien señalizadas y claramente indicadas en los mapas. Estos senderos, de entre 2 y 20 km de longitud, se unen para formar una larga ruta conocida como Reykjavegur. Las zonas que rodean la Blue Lagoon y el extremo suroeste son las más populares porque son también las más espectaculares. Todos los senderos cuentan con aparcamientos en su inicio. En diciembre de 2023, la península fue escenario de una gran erupción volcánica cerca de la Blue Lagoon, con impresionantes flujos de lava. Las erupciones han continuado hasta 2025.

VOGAR

Nada más salir a la carretera desde el aeropuerto, los más probable es que veas el nombre de Vogar una y otra vez. Este municipio de apenas mil habitantes es un lugar agradable para pasear por la costa circundante y admirar la bonita y pequeña iglesia de Kálfatjörn, construida en 1891 y considerada la mayor iglesia rural del país. Si paras en la ciudad, algo recomendable, camina hasta el barrio de Staðarborg para admirar los restos de un antiguo recinto de piedra de ocho metros de ancho, conservado desde 1951. También puedes ir a ver los acantilados de Vogastapi, de 80 metros de altura (¡ojo, se supone que están encantados!), entre Njardvik y Vogar.

© STEPHAN SZEREMETA

La carretera de la Blue Lagoon está rodeada de campos de lava.

KEFLAVÍK

Keflavík forma parte de la conurbación de Reykjanesbær, la más grande de la península. La mayoría de los servicios e industrias se concentran aquí. Al norte, alrededor del puerto, el pequeño centro de la ciudad está animado por las tiendas y por bonitas y coloridas casitas de madera o de hojalata. En el sur, vastos suburbios rodean grandes áreas e innumerables autocines, lo que nos recuerda la presencia de los soldados estadounidenses hasta 2006. El conjunto de tristes edificios que formaban la antigua base se ha convertido en una zona residencial y hotelera.

GARÐUR

Esta tranquila comunidad ocupa la punta noroeste de la península, una posición estratégica que explica la presencia de dos faros expuestos a los vientos.

■ GARÐSKAGI

La punta más remota de la península alberga dos faros. El más antiguo se construyó en 1897 y estuvo en funcionamiento hasta 1944, cuando fue sustituido por uno más moderno construido al lado. Garðskagi es popular entre los observadores de aves migratorias, y el viejo faro es un puesto de observación muy frecuentado. Desde aquí se puede ver la capital al otro lado de la bahía y, en un día despejado, incluso el monte Snaefell, mucho más alejado. El faro más antiguo cuenta con una pequeña cafetería, ideal para hacer una pausa.

SANDGERÐI

Esta pequeña ciudad, que creció gracias a la industria pesquera, está situada en la costa oeste de la península. Su principal atractivo es la belleza de la franja costera, que alberga más de 150 especies de aves.

El puerto también registra mucha actividad, y su tamaño es bastante impresionante para una localidad tan pequeña. En un edificio alargado y bajo, se encuentra una exposición donde podrás conocer la fauna local. Más adelante, a unos siete kilómetros en la misma dirección, verás las ruinas del pueblo pesquero de Bárstendar, destruido por una tormenta a finales del siglo XVIII.

BLUE LAGOON

«Los campos negros» son una zona termal de alta temperatura. La central geotérmica situada junto a la laguna suministra agua caliente natural al distrito de Reikiavik. El agua sobrante desemboca en la laguna. Aquí, «planta» significa simplemente «captación de agua caliente» y en ningún caso implica algún tipo de actividad contaminante. En la Blue Lagoon podrás sumergirte en agua verdaderamente caliente (38 °C de media). La inmensa masa de agua está bordeada en algunos puntos por piedras volcánicas cubiertas de líquenes (o nieve, según la estación). Una pequeña gruta de piedra volcánica y cascadas artificiales forman parte también del decorado. Desde 2023, se han producido numerosas erupciones muy cerca de la laguna.

■ BLUE LAGOON

Norðurljósavegur, 9
Svartsengi
☏ +354 420 8800
www.bluelagoon.com

VISITA

Aquí podrás sumergirte en el agua caliente (38 °C de media), lechosa y rica en minerales que brota de las entrañas de la Tierra. Con sus rocas volcánicas negras, sus volutas de humo blanco y los reflejos del aluminio de la central geotérmica, es un festín para la vista, y también para el cuerpo. El acceso a este magnífico lugar es sencillo: basta con tomar la carretera 43, que conduce a Grindavík desde la autovía Reikiavik-Keflavík.

▶ **Aunque muy visitada por viajeros de todo el mundo,** hay espacio suficiente para no sentirse demasiado apretado. Esta gran laguna está rodeada en algunos tramos por rocas volcánicas cubiertas de líquenes (o nieve, según la estación). También se puede pedir una bebida en el bar semisumergido, o recubrirse la cara con una mascarilla de silicio en el puesto de mascarillas para revitalizar la piel. Una pequeña gruta de piedra volcánica y cascadas artificiales forman parte de la decoración para conseguir una atmósfera mucho más inmersiva.

▶ **Atención:** el silicio que contiene el agua puede dañar las joyas. No te olvides de quitártelas para no estropearlas. Asimismo, evita sumergir la cabeza en el agua: el cabello se resecará rápidamente y necesitarás varias pasadas de champú para recuperar su vitalidad.

▶ **Hay dos hoteles en el lugar:** Silica, que está rodeado de lava y cuenta con su propia laguna, y el selecto Retreat, cuyas suites tienen su propia laguna privada. El Retreat es ideal para viajeros que cuentan con presupuestos más holgados.

GRINDAVÍK

Grindavík es la única localidad en la costa sur de la península. Está dominada por el monte Þorbjarnarfell, un volcán activo que la separa de la zona de la Blue Lagoon. Es un agradable pueblecito plano, donde las coloridas casas unifamiliares se alinean ordenadamente. Aparte del agradable ambiente, la principal razón para visitarlo es el museo dedicado al pescado salado. Si se toma la carretera 425, también se puede llegar a la Brimketill Lava Rock Pool. Se trata de un lugar sublime cuando hay tormentas, conocido por sus altas olas. Con tiempo tranquilo, también podrás disfrutar de una pequeña laguna natural de agua templada, pero ten mucho cuidado. Debes tener en cuenta que el pueblo fue evacuado en abril de 2025 a causa de una erupción cercana.

© ALLA LAURENT - SHUTTERSTOCK.COM

Blue Lagoon.

© CAMILLE ESMIEU

VISITA

Thorli Beach, la playa de los surfistas.

SUR DE LA PENÍNSULA ⭐⭐

La carretera 427, que une Grindavík con Þorlákshöfn, recorre la desierta parte sur de la península. La carretera 42, a 22 km al este de Grindavík, une la conurbación de Reikiavik con esta pintoresca ruta costera.

■ ACANTILADOS DE REYKJANESVITI ⭐

Rodeado por un ambiente de fin del mundo, aquí podrás pasear por una costa de escarpada roca volcánica, sobre la que sobrevuelan numerosas aves marinas en verano. Mar adentro, en un día despejado, podrás avistar el islote de Eldey, hogar de la mayor colonia de alcatraces del mundo (¡70 000!). Ten cuidado con los bordes de los acantilados, que pueden ser resbaladizos y peligrosos, sobre todo cuando sopla el viento. Se puede acceder por la carretera 425, a unos 15 kilómetros al oeste de Grindavík.

■ SELATANGAR ⭐

Aquí te encuentras al final de la península, aunque te parecerá el fin del mundo. Al final de la pista, deja el coche en el pequeño aparcamiento de tierra y continúa a pie hasta la pequeña playa de media luna de arena negra, batida por olas que pueden ser impresionantes con vientos fuertes. También se pueden ver los restos de un antiguo pueblo de pescadores, del que se dice que está embrujado. Experimentarás un pequeño momento de soledad, lejos de todo. Se recomienda venir en todoterreno por la carretera 427, a unos 15 kilómetros al este de Grindavík.

ÞORLÁKSHÖFN

Este pequeño puerto (1500 hectáreas) en la desembocadura del río Öfulsá, situado a unos 15 kilómetros al suroeste de Selfoss, era hasta 2010 el punto de partida de los transbordadores hacia las islas Vestman (Vestmannaeyjar). Sin esta actividad, la localidad, muy alejada de la carretera 1, corre el riesgo de aletargarse y resultar menos atractiva para los turistas.

SUROESTE

El suroeste de Islandia es una franja costera de grandes extensiones de pasto verde entre relucientes glaciares, flanqueados por acantilados habitados por miles de aves marinas. Estos paisajes tan diversos destacan aún más por la presencia de campos de lava, espectaculares cascadas, fuentes termales, arenas volcánicas negras e importantes vestigios históricos. Se extienden desde la zona geotermal de Geysir, al oeste, hasta el glaciar Vatnajökull, al este. Esta franja costera suroccidental es el granero de Islandia. Los pastos se extienden hasta donde alcanza la vista, en un horizonte tan vasto y llano como un lienzo. El archipiélago de Vestman es como una Islandia en miniatura. No debes perdértelo.

GOLDEN CIRCLE (CÍRCULO DORADO)

El Círculo Dorado es el nombre de una ruta turística que, partiendo de Reikiavik, incluye la visita de Þingvellir, Geysir y Gullfoss, tres de los lugares más conocidos y populares de Islandia. Muchos operadores turísticos la ofrecen como excursión de un día completo o medio día, pero puedes hacerla por tu cuenta sin problema, ya que la carretera es excelente. El circuito consta de unos 300 kilómetros.

ÞINGVELLIR ★★★

Þingvellir significa literalmente «llanura del Parlamento» en islandés. Es uno de los lugares más extraordinarios del país, ya que combina belleza natural e interés histórico, un hecho reconocido por la Unesco con su inclusión en la Lista del Patrimonio Mundial. Geológicamente, Þingvellir se encuentra en la dorsal mesoatlántica, que en este punto consiste en una red de fallas y una fosa tectónica (*graben*) de 7 km de ancho que va de noreste a suroeste. Así que, en solo unos minutos en coche (o a pie), puedes pasar de la placa norteamericana a la vecina placa euroasiática. ¡Las dos placas divergen en esta área 2 cm por año!

 Senderismo. Los senderos recorren las fallas y las cascadas, y convergen en Skógarkot, en el centro del parque, antes de llegar al lago. Aunque esta masa de agua alberga muchas aves acuáticas, las fallas son el lugar donde tendrás más posibilidades de avistar la perdiz nival, un ave tímida y silenciosa que se camufla perfectamente gracias a su plumaje. No dejes de visitar Öxarárfoss, una bella cascada que cae por una alta pared natural donde finaliza el «desfiladero de los antiguos», Almannagjá. El río Öxará desemboca en el lago Þingvallavatn a través de una profunda cuenca donde, en la Edad Media, se ahogaba a las brujas y a las mujeres infieles. Otros torrentes de agua clara y helada fluyen por las fisuras de la llanura, como el barranco de Flosagjá, junto a la iglesia de Þingvellir.

VATNAJÖKULL
de Vatnajökull

Langisjór

Cráteres
de Laki

Systra Stapi

Kúðafljót

Kirkjubæjarklaustur

Mýrarfang

Skaftá

△ 925 m

F208

Þórisvatn

Landmannalaugar

△ 1192 m

TORFAJÖKULL

MÝRDALSJÖKULL

△ 1450 m

Vík

Dyrhólaey

Fjölland að
fjallabaki

△ 1089 m

△ 1230 m

Skógafoss

Skógar

Þórsmörk

△ 1666 m

Hekla
1491 m

△ 1082 m

TINDFJALLAJÖKULL △ 1462 m

EYJAFJALLAJÖKULL

249

261

Hvolsvöllur

Hella

Oddi

Seljalandsfoss

Reykholt

Skálholt

Laugarás

Laugarvatn

regional

△ 801 m

Apavatn

Kerið

Selfoss

Stokkseyri

OCÉANO ATLÁNTICO

Islas Vestmannaeyjar

Þingvellir

Mt. Hengli
803 m

Hveragerði

Ölfusá

Þorlákshöfn

REIKIAVIK

Esja
918 m

Bláfjöll
686 m

30 km

15

0

Þingvellir.

■ **ALMANNAGJÁ** ⭐⭐

Islandia es uno de esos lugares donde puedes estar en dos continentes al mismo tiempo. La falla tectónica más importante y famosa de este lugar nos recuerda que Islandia está situada donde las placas euroasiática y norteamericana se encuentran. Mide 7,7 km de longitud y es uno de los principales atractivos del lugar. Recomendamos subir a la cima de la falla de Almannagjá, desde donde podrás disfrutar de una panorámica de asombrosos contrastes. Desde aquí se puede caminar hasta el río Öxará y la cascada de Öxarárfoss.

■ **ALTHING** ⭐⭐

El Althing es el sistema parlamentario de Islandia, que se remonta a la fundación de la nación islandesa.

▸ **Desde el año 930 hasta finales del siglo XVIII,** el Althing o Alþingi («asamblea plenaria») se reunía durante quince días al año en Þingvellir. Esta iniciativa surgió del deseo de los jefes locales de todo el país de definir un sistema para elaborar leyes y resolver disputas en un país sin rey.

▸ **Este Parlamento al aire libre,** cuyo primer presidente fue Hrafn Hængsson, promulgaba leyes, concebidas como una especie de contrato social entre hombres libres, y mediaba en las disputas. Duraba quince días, durante los cuales se celebraban numerosas fiestas, a las que acudía gente de todo el país: recitales de poesía y sagas, torneos, juegos, bailes, etc.

▸ **Los poderes legislativos del Althing** se fueron reduciendo gradualmente a partir de mediados del siglo XVII, y el Alþingi se trasladó a Reikiavik a finales del siglo siguiente. Este sistema se interrumpió en 1800, cuando fue desmantelado por la monarquía danesa, hasta que fue restablecido en 1945. No obstante, Þingvellir ha conservado su aura, y muchos siguen considerándolo el sitio donde reside el alma y el espíritu de la nación islandesa.

▸ **El Parque Nacional de Þingvellir** está incluido en la Lista del Patrimonio de la Humanidad de la Unesco, y el Althing sigue siendo un sistema parlamentario que se menciona recurrentemente cuando se habla de la riqueza cultural de Islandia. Se considera el Parlamento más antiguo de Europa y uno de los más antiguos del mundo.

■ **ÖXARÁRFOSS** ⭐⭐

Cuando estés en Þingvellir, debes acercarte a Öxarárfoss, a diez minutos a pie desde el aparcamiento siguiendo las indicaciones. Esta bella cascada cae desde una alta pared natural, donde finaliza el «desfiladero de los antiguos», Almannagjá. El río Öxará desemboca en el lago Þingvallavatn, pero antes atraviesa un profundo estanque donde, en la Edad Media, se ahogaba a las brujas y a las mujeres infieles. Otros arroyos de aguas claras y heladas discurren por las fisuras de la llanura, como el barranco de Flosagjá, junto a la iglesia de Þingvellir.

▪ ÞINGVALLAVATN

El lago de la llanura donde está el Parlamento es el más grande de Islandia (84 km^2), y una verdadera maravilla para la vista. Su profundidad máxima es de 114 m. En sus orillas y aguas se pueden observar 150 tipos de plantas y 50 especies de invertebrados. Entre los peces se hallan la trucha ártica, la trucha común y el espinoso. El pato islándico, el pato arlequín y el gran colimbo son algunas de las aves acuáticas que pueden verse en el lago. El visón, introducido en Islandia por su piel en 1931, también prospera en los alrededores de Thingvallavatn.

GEYSIR

Geysir es un lugar famoso en todo el mundo, por el que pasan absolutamente todos los turistas que visitan Islandia. Es uno de los tres lugares emblemáticos del Círculo Dorado: la cascada de Gullfoss, el yacimiento geotérmico de Geysir y el parque natural de Þingvellir. El géiser de Geysir es una especie de válvula en una cavidad de agua hirviendo calentada por la actividad volcánica del lugar, situada a 20 metros de profundidad. Probablemente ya existía en el siglo XIII. Sus erupciones eran majestuosas: una columna de agua de 40 a 80 metros de altura. Ahora tenemos que conformarnos con su primo artificial, el Strokkur... pero ya verás que tampoco está nada mal.

VISITA

© BOXFISH.DE - SHUTTERSTOCK.COM

Þingvallavatn.

■ SITIO DE GEYSIR ★★★

La zona geotérmica de Geysir es conocida sobre todo por el Strokkur, un géiser que brota cada cinco minutos de media y cuyas aguas azules alcanzan una altura de 25 a 30 metros. A su lado está Geysir, el géiser que dio nombre al lugar y que ahora está inactivo, aunque se activa excepcionalmente durante los grandes terremotos. Un poco más arriba se localizan las cuencas comunicantes de Blesi, la «llama». Cuando estés allí, ten cuidado y sigue atentamente los senderos, que están bien indicados. No te pierdas la excursión a la cima del yacimiento geotérmico.

GULLFOSS ★★★

De los tres lugares emblemáticos del Círculo Dorado, Gullfoss es probablemente el más impresionante. Se trata de enormes cataratas que se forman en los saltos que el río Hvitá va dando en su curso desde los altiplanos hasta la franja costera. La catarata más alta, que es también la que se encuentra más abajo en el curso del río, salpica de rocío el desfiladero, a menudo atravesado por un arco iris. En realidad son dos cascadas muy anchas, que caen en diagonal con respecto al curso del río y son perpendiculares entre sí, y que han labrado un estrecho desfiladero de 70 metros de profundidad. Una auténtica maravilla natural que no debes perderte en tu primera visita a Islandia.

■ THE SECRET LAGOON ★★

Flúðir
Hvammsvegur
✆ +354 555 3351
www.secretlagoon.is

Comparada a menudo con la famosa Blue Lagoon, la Laguna Secreta (o Gamla Laugin) es una auténtica joya, muy apreciada por su ambiente menos turístico. Es más sencilla, pero igual de hermosa por su entorno natural. Esta pequeña laguna, escondida en un entorno mágico y con unas aguas a una temperatura de unos 38-40 °C, es el lugar ideal para terminar tu viaje al Círculo Dorado o para venir a ver auroras boreales en invierno. El lugar se encuentra en Flúðir, a unos 30 km al sur de Gullfoss por la carretera 30. No olvides reservar con antelación, ya que el lugar es muy popular (¡y no tan secreto!).

■ A LO LARGO DE LA COSTA ■

LAUGARVATN ★

Durante tu visita, debes hacer una parada en este gran lago llamado Laugarvatn, situado en el sur de Islandia, entre las cataratas de Gullfoss y el Parque Nacional de Þingvellir. Laugarvatn es el centro educativo de la región, pero también es un lugar muy popular, apreciado por la tranquilidad que desprende y por sus magníficas puestas de sol. En esta zona geotérmica, que se divisa desde lejos por su columna de vapor, se puede disfrutar de los placeres de los baños calientes al aire libre en la Laugarvatn Fontana, en un ambiente mucho más tranquilo que el de la Blue Lagoon. La zona puede estar llena de escolares y turistas o casi desierta.

© STÉPHAN SZEREMETA

Los plátanos crecen gracias a la geotermia en Hveragerði.

HVERAGERDI ⭐⭐

Esta pequeña localidad de 2316 habitantes está situada en una zona de intensa actividad geotérmica, en el extremo sur de la zona volcánica de la península de Reykjanes (una área que continúa a lo largo de la falla de Þingvellir hasta el glaciar de Langjökull). El aprovechamiento de la energía geotérmica ha permitido desarrollar cultivos de invernadero que aprovechan la energía del vapor de agua caliente. Si alguna vez has jugado al Trivial Pursuit, habrás oído la pregunta: «¿Quién es el mayor productor de plátanos de Europa?». La respuesta es «Islandia» gracias a sus invernaderos (aunque probablemente ya no sea así).

Esta zona volcánica es el lado visible de la falla que atraviesa el centro del océano Atlántico. Las numerosas fuentes termales son un recordatorio de las fuerzas telúricas que actúan bajo nuestros pies. De hecho, estas bolsas subterráneas de magma son la fuente de toda una serie de fenómenos geotérmicos (géiseres, solfataras, fuentes termales y ollas de lodo burbujeante).

◼ EXPOSICIÓN SOBRE EL TERREMOTO DE 2008 ⭐

Sunnumörk, 2
✆ +354 483 4601
www.hveragerdi.is

El 29 de mayo de 2008, un terremoto de 6,3 grados en la escala de Richter sacudió la ciudad y cambió la fisonomía de Hveragerði, que ya había sufrido varias alteraciones.

Situada en el vestíbulo del supermercado Bónus de la localidad, esta exposición trata de recrear la experiencia de vivir un fenómeno como ese, gracias principalmente al uso de un simulador. El terremoto también provocó la aparición de una nueva fuente termal en la colina que domina la ciudad, un espectáculo que no hay que perderse.

■ GEOTHERMAL ENERGY EXHIBITION ⭐

Central geotérmica de Hellisheiði
Hellisheiðarvirkjun, 801
℡ +354 591 2700
https://www.on.is/en/jardhitasyning
Aquí podrás enterarte de cómo funciona una central eléctrica con energía geotérmica, pero también de cómo puede este tipo de energía contribuir al desarrollo nacional. La información se presenta mediante instalaciones multimedia interactivas y pantallas murales. La visita es bastante rápida, pero también muy informativa y más que bienvenida cuando la climatología no acompaña. También podrás hacer una pausa en la cafetería y unas compras.

■ MANNDRÁPSHVER ⭐

Manndrápshver es una famosa fuente termal apodada la «asesina de hombres». En 1906, durante una tormenta de nieve en una noche oscura, tres viajeros se perdieron y vagaron por estos campos geotérmicos. Uno de ellos tropezó y cayó a través de la fina corteza del manantial burbujeante. Tras este trágico suceso, se decidió instalar el alumbrado público en Hveragerði, el primero en Islandia. Como en todos los sitios geotérmicos de la isla, sigue con atención los senderos marcados y no te salgas de la ruta. Aunque el lugar sea bastante seguro, pueden ocurrir accidentes.

■ PARQUE GEOTÉRMICO ⭐⭐

Hveramörk, 13
℡ +354 483 4601
www.hveragerdi.is
La zona geotérmica del monte Hengill, en Hveragerði, se remonta a varios cientos de miles de años. Al principio, la energía geotérmica solo se utilizaba para cocer el pan en la tierra caliente y lavar la ropa. El primer intento de aprovechar la energía geotérmica se realizó en 1928, pero no fue hasta 1940 cuando se perforó el primer pozo con la intención de utilizar el vapor para calentar los

Parque geotérmico.

invernaderos de la granja Fagrihvammur, donde también podrás ver muchos otros fenómenos geotérmicos: azufre, lodo burbujeante, un géiser…

SELFOSS

Esta pequeña ciudad se ha convertido en el centro administrativo del sur de Islandia. Su desarrollo se ha producido principalmente gracias a la agricultura y a las fecundas tierras circundantes. Carente de encanto, Selfoss ofrece a los turistas servicios culturales (museo, librería), y de otro tipo, como una piscina, un campo de golf junto al río y un camping, además de servir como punto de partida para excursiones.

STOKKSEYRI

Pequeño puerto de 445 habitantes, casi idéntico al de Eyrarbakki, el pueblo de Stokkseyri debe su crecimiento a la pesca. En su día fue un importante puerto pesquero y centro comercial, pero ahora es un destino turístico. A pesar de su pequeño tamaño, Stokkseyri ofrece una serie de servicios muy útiles (camping, piscina), por no mencionar una hermosa y agradable playa de arena negra mucho menos concurrida que algunas de las más famosas del país.

HELLA

Esta pequeña localidad de 785 habitantes, comunicada a través de la carretera 1, es muy popular entre los turistas, ya que ofrece una amplia gama de servicios y actividades (golf, pesca, equitación, natación), además de ser el punto de partida de excursiones en autobús, sobre todo a Landmannalaugar. Es un buen lugar para aprovisionarse

antes de salir de excursión. Al sur de Hella, entre la carretera 1 y la costa, en Þykkvibær, no te sorprendas por el paisaje: verás una hilera de antenas, que se instalaron para estudiar la energía eléctrica de la atmósfera alta, responsable del fenómeno natural de las auroras boreales.

■ **KELDUR**

A 20 kilómetros al noreste de Hella, en la aldea llamada Keldur, ubicada al principio de la carretera de montaña Fjallbaksleið Syðri, verás una antigua estación de triaje de ovejas edificada con piedra volcánica. Un poco más allá, otra estación sigue funcionando en otoño, cuando las ovejas que han pasado el verano en los pastos de Landmannalaugar se concentran en el lugar. Keldur es también un importante lugar histórico. El Museo Nacional de Islandia ha conservado una granja de turba, de la que una parte data del siglo XII. Si tienes la oportunidad, no lo dudes: es un desvío que merece la pena.

HVOLSVÖLLUR

La región de Hvolsvöllur es conocida sobre todo por ser el escenario de una de las sagas más famosas de Islandia, la *Saga de la quema de Njál.* Es una auténtica obra maestra que cautiva por su perfección literaria, su complejidad y el tratamiento que realiza del tema del destino. Cuando los héroes, ya sean *bóndi* (campesinos) o *godars* (sumos sacerdotes), se enfrentan al destino, muestran una actitud, una compostura inquebrantable, impasible, altiva y casi gélida. En esta región nace el Eystri-Rangá, uno de los mejores ríos salmoneros del país. Las granjas de

Hlíðarendi y Bergsthórshvoll son lugares verdaderamente históricos.

■ GRANJA BERGÞÓRSHVOLL ⭐
Carretera 252

En esta granja próxima a la carretera 1 vivía Njál con su mujer y sus hijos. Aquí tuvo lugar la acción dramática de la saga, donde Njál, su familia y sus sirvientes fueron quemados vivos en 1011 por un clan enemigo. Solo el yerno de Njál, Kári Sólmundarson, pudo escapar del incendio. Su venganza constituye el tema principal de la última parte de esta saga épica. Todavía se pueden ver restos de los cimientos en la granja que ahora se llama Línakrar, o los «campos de lino».

■ GLUGGAFOSS ⭐
En el cruce entre la carretera 261 y la 250, que vuelve hacia la costa.

Aquí encontrarás una pequeña y bonita cascada que suele pasar desapercibida para los visitantes. Al igual que su hermana mayor Seljalandsfoss, tiene la particularidad de albergar una pequeña cavidad tras su cortina de agua que permite ver la cascada desde atrás. Cuidado con el pequeño sendero, porque puede ser muy resbaladizo. A 500 metros al oeste de esta cascada, enmarcada por paredes de basalto, palagonita y toba, se halla otra, la cascada de Drifandi. Al pie de esta última, se ha habilitado una zona de pícnic muy agradable, en cuyo centro se encuentra un busto del poeta local Thorsteinn Erlingsson (1858-1914).

■ HLIÐARENDI ⭐
Carretera 261

En Fljótshlið era donde Gunnar Hámundarson de Hlíðarendi, uno de los personajes más importantes de la saga de Njál, tenía su granja. Según la tradición, en la época en la que transcurre la historia, fue enterrado bajo un gran montículo en un prado al norte de la granja, el Gunnarshaugar. Se trata de un terreno donde abunda la hierba, en el flanco norte del Fljótsdalur, un amplio valle de depósitos aluviales negros en el que serpentean las numerosas ramas del río Markarfljót. Este curso de agua, alimentado por el glaciar Mýrdalsjökull,

© ALEX CIMBAL - SHUTTERSTOCK.COM

Gluggafoss.

proviene de Þórsmörk. Aquí encontrarás una iglesia construida en 1897.

■ **ICELANDIC SAGA CENTRE**
Hlidarvegur, 14
℡ +354 487 8781
www.njala.is
Este centro de exposiciones sobre la época vikinga y la *Saga de la quema de Njál* también desempeña un papel importante en el turismo de la ciudad. Se encuentra en el interior del restaurante Valhalla. El pequeño folleto del centro presenta un mapa esquemático con los lugares históricos de la saga, así como la granja Bergsthórshvoll, donde Njál fue quemado vivo con su familia, y Hliðarendi, la granja de Gunnar. Es una forma interesante de descubrir las sagas islandesas desde una perspectiva diferente, y también se pueden adquirir algunos recuerdos.

ISLAS VESTMANNAEYJAR

El archipiélago de Vestmannaeyjar —compuesto por quince islas y una treintena de islotes— se encuentra a solo once kilómetros de la costa sur. La mayor de estas islas, Heimaey, es la única habitada. Si la visitas, verás que es como un auténtico concentrado de Islandia en un espacio reducido: volcanes, mar, acantilados, aves. Unos 4000 habitantes se extienden por gran parte de la isla, que cuenta con un importante puerto pesquero.

La historia de las islas Vestmannaeyjar es atormentada y dramática. Su nombre, literalmente «islas de los hombres del oeste», tiene su origen en el inicio de la colonización en el siglo IX. La isla principal estuvo habitada inicialmente

© CHRIS HOWEY – SHUTTERSTOCK.COM

Islas Vestmannaeyjar.

por esclavos irlandeses pertenecientes a Hjörleifur. Tras asesinar a su amo, los esclavos huyeron a estas escarpadas islas al sur de Vík, pensando que encontrarían un refugio seguro. Poco después, Arnarson los localizó y los mató a todos para traer de vuelta a las mujeres y los niños que los esclavos habían tomado como rehenes. Los irlandeses eran conocidos por los vikingos de la época como los «westmen», de ahí el nombre de Vestmannaeyjar, «islas de los westmen». Otro siniestro suceso tuvo lugar el 16 de julio de 1627: un ataque conocido como la «incursión turca». Piratas berberiscos provenientes de Argel y Salé (Marruecos) desembarcaron en la actual punta de los Piratas y atacaron a los isleños. Heimaey fue saqueada. Los piratas capturaron a 242 habitantes y mataron al resto. Más tarde se erigió el fuerte de Skansinn para protegerse de nuevos asaltos. Para pagar la recompra de los cautivos en Argelia, se recaudó dinero en Dinamarca, ya que en ese momento Islandia formaba parte del reino. En 1637, algunos supervivientes pudieron regresar a Islandia tras diez años de esclavitud. La más famosa de estos cautivos fue una mujer, Guðriður Símonardóttir, conocida como «Gudda de los turcos», quien, tras su regreso a Islandia, se casó con Jónas Hallgrímsson, clérigo y gran poeta, autor del himno nacional islandés.

En enero de 1973 se produjo una gran erupción en la pequeña isla que destruyó un tercio de las casas, que fueron engullidas por una colada de lava. Se abrió una fisura en el antiguo volcán Helgafell («montaña sagrada») y un segundo volcán, llamado Kirkjufell, la «montaña de la iglesia», o Eldfell («montaña de fuego»), surgió junto al primero. La respuesta ante esta catástrofe natural fue una gran demostración de solidaridad nacional para evacuar a los habitantes y sus pertenencias. Afortunadamente, se pudieron utilizar casi todos los barcos de Heimæy para la evacuación. Para evitar que la lengua de lava bloqueara el acceso a la isla taponando la entrada a su puerto natural, se detuvo su avance rociándola con miles de toneladas de agua de mar… con éxito, ya que hoy el puerto está mejor protegido que nunca gracias a sus diques «naturales». Un año después de la erupción, que terminó en junio de 1973, casi todos los habitantes habían regresado a su isla, que ahora es más grande.

Surtsey, la isla más meridional del archipiélago y la segunda por tamaño, se formó en 1963 a causa de una erupción submarina; en esa ocasión, el contacto entre el agua y el fuego produjo una columna de humo de 8000 metros de altura. La isla es ahora una reserva natural y el acceso está estrictamente limitado a los científicos, que estudian el desarrollo de la flora y la fauna en una

de las tierras más jóvenes del planeta. La pequeña ciudad es muy agradable, en torno a su puerto casi cerrado. Cuando pasees por sus tranquilas calles, podrás ver a los pescadores en plena faena. Además de los museos, se pueden visitar las ruinas del fuerte de Skansinn, al este del puerto. También merece la pena acercarse (al final de la calle Skólavegur) a la Stafkirkjan, una réplica de una hermosa iglesia medieval noruega construida en el año 2000.

▶ **Pasear entre los volcanes y por la costa**. Dado el pequeño tamaño de la isla, resulta divertido pasear sin rumbo, sin obstáculos, admirando la costa y los volcanes. Un sendero rodea la isla, desde la ciudad hasta una pequeña península en el sur: Storhöfði. El terreno de 122 metros de altura en este punto ofrece unas vistas preciosas. La ciudad aún aprovecha el calor de la lava de 1973 como calefacción. Los volcanes, que presentan el aspecto de conos rojos desnudos, están muy cerca de la ciudad. Se puede subir a la cima del Helgafell (226 m) desde el lado oeste y admirar los volcanes circundantes. También hay senderos que permiten explorar la parte de la isla que se amplió en 1973. Si das un paseo por los recientes campos de lava, podrás ver algunas casas enterradas. Las vistas llegan hasta tierra firme y el glaciar Vatnajökull.

■ **MUSEO DEL FOLCLORE (BYGGÐASAFN)**
Kirkjuvegur
✆ +354 488 0109
https://www.sagnheimar.is
Este museo etnográfico abrió sus puertas hace pocos años, pero es una visita interesante que hará más amena tu estancia. Aquí hay exposiciones sobre diferentes

aspectos de la isla (la incursión turca de 1627, la erupción volcánica de 1973, los logros deportivos del club de fútbol local, etc.), y es el lugar perfecto para entender la vida de los pescadores en Islandia. La información que ofrece el personal del museo es una mina de oro, y el lugar es una delicia para los niños.

SKÓGAR

Desde Hvolsvöllur, la carretera 1 discurre a través de campos verdes y alegres, y luego bordea las estribaciones del Eyjafjöll antes de llegar a Skógar. Se trata de una pequeña aldea donde se puede admirar la magnífica cascada de Skógafoss, punto de partida de la ruta Þórsmörk-Fimmvörðuháls.

■ MUSEO DEL FOLCLORE (BYGGÐASAFNIÐ IN SKÓGAR)
Skogasafn, 1
℘ +354 487 8845
www.skogasafn.is
Este ecomuseo merece una mención especial. Parece un mercadillo y revive las tradiciones islandesas. Se reparte

por varias salas en diferentes edificios que evocan la vida en Islandia a través de diferentes temáticas (pesca, agricultura, educación, música, etc.), además de mostrar varias casas de una sola planta con techos de turba, tal y como se construían hasta el siglo XIX. Por último, se ha añadido una sección sobre transporte y comunicación. También encontrarás una tienda y una cafetería.

■ PISCINA DE SELJAVELLIR
Carretera 242, 8 km al oeste de Skógar
Esta piscina natural se construyó en la montaña en 1923 para aprovechar las aguas termales naturales de la zona. Para llegar, hay que seguir la carretera 1 y luego tomar la 242 en dirección a Raufarfell hasta el final (¡ten cuidado, hay muchos baches!). Desde el aparcamiento, se tarda unos 20 minutos a pie hasta la piscina. Y cuando decimos piscina, ¡estamos hablando de una bañera con agua calentada de forma natural en su interior! Las instalaciones son básicas, con una caseta

VISITA

© THIERRY LAUZUN – ICONOTEC

Casa rural.

para cambiarse, aunque está en mal estado. El lugar ha ido perdiendo su encanto con el paso de los años (y con la mayor afluencia de visitantes).

■ SELJALANDSFOSS ★ ★ ★

Carretera 249

A unos 28 km al oeste de Skógar.
Esta bella cascada, que cae verticalmente desde una altura de más de 65 metros, tiene la peculiaridad de permitir a los visitantes caminar por detrás del agua para tener puntos de vista diferentes. Pero ten cuidado, es fácil mojarse o incluso empaparse de agua, y el suelo suele estar resbaladizo. Cuando hace buen tiempo, un arco iris se alza frente a la cascada. No dudes en tomar el camino que conduce hasta el camping: detrás de esta zona de acampada se encuentra la soberbia Gljufurarfos, una cascada que se precipita en el abismo recubierto de musgo. Un lugar realmente mágico, sobre todo fuera de temporada.

■ SKÓGAFOSS ★ ★ ★

Aparcamiento de pago.
No debes perderte esta cascada en forma de cortina blanca, que cae desde sesenta metros de altura. A veces el viento la hace ondular y otras ocasiones aparece adornada con magníficos arcoíris. Una leyenda cuenta que detrás de la cascada se encuentra el tesoro de Þrasi, uno de los primeros pobladores de Islandia. Un joven se lanzó en su búsqueda y acabó encontrando un cofre que contenía un anillo que adornó durante mucho tiempo la puerta de la iglesia, antes de que fuera expuesto en el museo de Skógar, donde todavía se encuentra. Si subes por las escaleras laterales, tendrás una vista de la cascada desde arriba.

VÍK Í MÝRDAL ★ ★ ★

En el extremo sureste de la isla se encuentra Vík í Mýrdal, un lugar de visita obligada. Aquí, la llanura arenosa se transforma bruscamente en acantilados a la altura de la costa y, ya en el interior, sigue en forma de montañas. En el mar, las negras siluetas de los picos volcánicos de Reynisdrangar destacan en el horizonte. Con una altura de hasta 66 metros, estos picos en forma de arrecifes aislados yacen como un gigantesco barco de tres mástiles encallado en los bajíos. Según la leyenda, son en realidad dos trolls que intentaron arrastrar un barco naufragado hasta la playa, pero como se retrasaron realizando esta vil tarea, los primeros rayos del sol los convirtieron en piedra.

▶ **Avistamiento de frailecillos.** El lugar es ideal para observar a estos asombrosos familiares de los pingüinos con su gracioso aspecto de payasos, conocidos también como «loros marinos» por sus picos multicolores. Los frailecillos anidan en gran número en los escarpados acantilados de los promontorios cubiertos de hierba que bordean el centro de Vík. En cuanto a la gran alca, o pingüino verdadero, desgraciadamente ha desaparecido de Islandia: los dos últimos ejemplares fueron abatidos en 1834.

■ LAVA SHOW ★ ★

Víkurbraut, 5
☏ +354 823 7777
www.icelandiclavashow.com
Construido en el emplazamiento del antiguo supermercado de la ciudad, el edificio que acoge el Lava Show ofrece un espectáculo singular: la reconstrucción de una colada de lava fundida. La

lava se vierte en un canal alrededor del cual se reúnen los espectadores para experimentar los vapores ardientes y sofocantes y el chisporroteo que genera este fenómeno natural. Antes se realizan charlas introductorias sobre los volcanes islandeses y, en particular, sobre el Katla («el hervidor»), cuyos *jökulhlaups* son muy temidos.

KIRKJUBÆJARKLAUSTUR

La localidad de Kirkjubæjarklaustur («iglesia de la granja convento»), a menudo abreviada simplemente como Klaustur, está enclavada en un paisaje volcánico, en medio de un enorme campo de lava llamado Elðraun («lava de fuego»), en recuerdo de la desastrosa erupción del Laki en 1783. Esta erupción fue probablemente la mayor de la historia de la humanidad, con flujos de lava que cubrieron 580 km^2 de granjas y tierras fértiles.

De este pequeño pueblo de menos de 150 habitantes parten autobuses hacia Landmannalaugar y Lakagígar. No es demasiado interesante en sí mismo, aunque cuenta con varios puntos de interés (la cascada de Systrafoss, las formaciones basálticas de Kirkjugólf, etc.).

■ CRÁTERES DE LAKI (LAKAGÍGAR)

Se trata de una pista principal desde Kirkjubæjarklaustur transitable solo con un todoterreno. Excursiones desde Kirkjubæjarklaustur y Skaftafell con una parada de 3 horas en el lugar. En el Vatnajökull se alza una cadena de 135 cráteres, una monstruosa fisura de 25 kilómetros de longitud con una orientación de suroeste a noreste. Aquí tuvo lugar una de las erupciones más mortíferas de Islandia.

▶ **La famosa erupción de 1783** tuvo graves consecuencias: no solo causó grandes cambios en el paisaje del sur de Islandia, sino que, sobre todo, provocó una gran hambruna debido a la desaparición del ganado: el 80% de las ovejas, el 75% de los caballos y el 50% de las vacas murieron envenenados por los gases tóxicos. Y después de todo eso, se produjeron varias epidemias.

▶ **Las consecuencias fueron desastrosas en muchos sentidos,** sobre todo

VISITA

© STEREO LIGHTS - SHUTTERSTOCK.COM

Cráteres de Laki.

teniendo en cuenta que al tratarse de una isla, esta estaba muy aislada. La erupción provocó indirectamente la muerte de una cuarta parte de la población de Islandia. Se calcula que la nube de ceniza creada por dicha erupción fue responsable de las malas cosechas en Francia, y una de las causas de la Revolución de 1789.

▶ Dentro del área, **una pista recorre el lado oriental de la cadena de cráteres.** Un sendero asciende hasta la cima del Laki (818 m), desde donde se divisa toda la zona. Los cráteres en sí son magníficos: algunos forman lagunas, otros están alfombrados de musgo.

▶ **Al tratarse de un lugar protegido, no está permitido acampar.** Si deseas quedarte más de un día, deberás ser lo bastante autosuficiente como para acampar fuera del recinto. Recuerda que el musgo es muy frágil, así que es muy importante seguir los senderos y no pisarlo.

■ **SYSTRASTAPI**
Al suroeste, Systrastapi, la «roca de las buenas hermanas», marca el lugar donde fueron enterradas dos monjas que fueron condenadas y quemadas vivas en la hoguera por «conducta licenciosa». Una de ellas fue condenada por haber vendido su alma al diablo. En el caso de la otra, acusada de haber hecho comentarios impíos sobre el Papa, su caso fue revisado después de la Reforma y la pecadora fue rehabilitada. Después de ello, su tumba se cubrió de una exuberante vegetación, mientras que la de la primera condenada permaneció estéril... Un lugar tan emblemático como mágico.

■ **SYSTRAVATN**
El río Stjórn, que cuenta con su cascada, también discurre por los terrenos del camping. Desde ahí, un sendero sube a Klausturheiði, en cuya cima se encuentra Systravatn, el «lago de las monjas», que debe su nombre a las monjas que venían a bañarse en sus aguas. Una leyenda cuenta que dos de ellas vieron un día una mano que salía del agua y sostenía un anillo de oro. Cuando lo alcanzaron, fueron arrastradas hasta el fondo del lago y nunca volvieron a reaparecer. Abandonamos el lago por un camino que atraviesa un pequeño bosque de abedules.

Systrastapi.

EN EL INTERIOR

El interior de la isla es la parte más inhóspita y de más difícil acceso del país. Para atravesar las pistas se necesita un todoterreno y saber cómo cruzar vados en determinadas zonas. Se trata de una parte de la isla muy salvaje y escarpada, a la que solo se puede acceder en verano, a menudo a partir de finales de junio y principios de julio, y que suele volver a ser inaccesible a partir de septiembre. Sin embargo, es una región repleta de maravillas: zonas geotermales, cascadas, montañas, un desierto de arena y guijarros… Los más valientes pueden planear excursiones por estas tierras poco pobladas, mientras que el resto deberá contentarse con atravesar estas vastas extensiones vacías para llegar al sur o al norte y viceversa. Quienes deseen probar brevemente estos placeres siempre pueden coger uno de los autobuses que realizan la travesía y embelesarse ante las vistas de estos territorios aislados. Las salidas organizadas que incluyen excursiones y otras actividades facilitan el acercamiento a las joyas del sur, más turísticas pero igualmente sublimes.

JOYAS DEL SUR

ÞÓRSMÖRK

Þórsmörk (o Thórsmörk) es uno de los lugares más bellos de Islandia. Montañas, glaciares y ríos conforman la frontera natural en torno a este valle, y gracias a eso tiene su propio microclima. Naturalmente verde, el valle quedó cubierto en 2010 por una gruesa capa de ceniza del volcán Eyjafjöll. Pero aunque la primavera fue una estación *gris*, la naturaleza reclamó rápidamente sus derechos y la hierba ha reaparecido. El acceso a este valle siempre ha sido difícil. Incluso hoy en día, solo los todoterrenos (y algunos autobuses todoterreno) pueden pasar por la pista que lleva hasta allí.

■ EYJAFJALLAJÖKULL

Se trata del famoso volcán de nombre impronunciable cuya erupción interrumpió el espacio aéreo internacional durante varios meses en 2010. Aunque solo se vea de forma parcial e intermitente, la pesada y luminosa masa glaciar del Eyjafjallajökull se hace omnipresente a medida que se avanza hacia Þórsmörk. Aprovechando una vertiente menos expuesta al sol, una de las largas lenguas del glaciar desciende hasta la pista vehicular: si te atreves con la escalada en hielo, verás que algunos operadores turísticos ofrecen esta actividad en las paredes del glaciar.

■ STAKKHOLTSGJÁ

Este gigantesco cañón secundario, extremadamente encajonado, es un apacible lugar de nidificación para innumerables aves que encuentran protección en este accidente geográfico gracias a las vertiginosas paredes recubiertas de un musgo aterciopelado. Tendrás que caminar 2 km para llegar hasta el final y admirar, cómo no, otra cascada. Un río poco profundo discurre por el centro. A veces es necesario cruzarlo, pero la presencia de grandes rocas permite hacerlo sin esfuerzo. El cañón, que se va estrechando cada vez más a medida que te adentras en él, ofrece unas vistas sublimes. Calcula unas dos horas de caminata.

■ VALLE DEL MARKARFLJÓT ⭐⭐

El valle del río Markarfljót es lo primero que te encontrarás yendo por la pista una vez que abandones la carretera. Muy ancho al principio, los aluviones de arena volcánica pronto empiezan a introducirse en los verdes pastos hasta ocupar parcialmente las laderas del monte Eyjafjall. A partir de ahí se pasa el primer vado, seguido después por muchos otros, hasta el punto que dejarás de contarlos. Los bordes del valle son de un color verde uniforme, en contraste con el paisaje lunar que hay más arriba. A lo lejos, el Stóra-Dímon se alza solitario en medio de la llanura de arena.

■ ÞÓRSMÖRK ⭐⭐⭐

La pista hacia Þórsmörk es muy difícil de transitar debido a los numerosos vados que encontrarás en la llanura de arena aluvial que conforma la desembocadura del Markarfljót. Tienes que asegurarte de llevar el vehículo adecuado.

El valle está enmarcado por las estribaciones de tres casquetes glaciares: el Myrdalsjökull al este, el Eyjafjallajökull al sur, y al norte el más pequeño, el Tindfjallajökull. Aquí se halla el volcán Eyjafjöll, que ha vuelto a despertar tras un letargo de más de doscientos años y termina en un abrupto acantilado, por donde se precipita la famosa cascada Seljalandsfoss, que cae desde tan alto que se convierte en espuma. Hacia el mar, más allá de una vasta extensión de arena negra, se divisa a lo lejos la silueta de las islas Vestmannaeyjar.

▶ **La excursión más corta y popular** es la de Tindfjöll. Debes tener en cuenta que te llevará entre 4,5 y 6 horas, dependiendo del punto de partida (Langidalur o Húsadalur). Pregunta al guarda forestal.

▶ Si tienes tiempo, **puedes subir al monte Valahnúkur** (458 m), una ascensión no demasiado agotadora y que ofrece vistas panorámicas de 360° de

Valle del Markarfljót.

Þórsmörk, los glaciares de Eyjafjallajökull y de Tindfjallajökull, y los ríos Krossa y Markarfljót. Tardarás unas dos horas.

En el fondo del valle se encuentra Þórsmörk, el «bosque de Þór», el famoso dios guerrero de la mitología nórdica. En la época de la colonización, Islandia estaba cubierta de bosques, desde la costa hasta las montañas. Aquí, a partir de Goðaland, la «tierra de los dioses» se eleva como los abedules. Un verdadero esplendor que te dejará recuerdos imborrables.

LANDMANNALAUGAR ⭐⭐⭐

Se trata de una de las regiones más sorprendentes de Islandia y uno de los destinos más populares para practicar senderismo, con una de las mayores actividades geotérmicas del país. Es un valle deshabitado, con aguas termales, rodeado de los multicolores macizos riolíticos más extensos del país, un caleidoscopio de colores. Algunos geólogos creen que Landmannalaugar es una inmensa caldera, lo que significaría que aquí una vez existió un gran volcán sobre una bolsa de magma, y que la cima del volcán se derrumbó. El magma riolítico, espeso y viscoso, forma capas de lava no demasiado extensas.

■ BLÁHNÚKUR ⭐⭐

Bláhnúkur, a veces escrito Bláhnjúkur, significa literalmente «el pico azul» (940 m). La subida a esta montaña riolítica de laderas negras, azul grisáceo y verde oscuro se realiza por uno de los tres senderos no señalizados que discurren entre crestas de arena y canchales. Desde la cima se tiene una vista incomparable de los alrededores: el desolado valle de Jökulgil, las montañas de riolita de color amarillo brillante de Norður Barmur, otros domos de riolita en el sur, el Brennisteinsalda, el Laugahraun… El desnivel es de 340 metros, relativamente accesible para todos. Salida desde el camping.

■ HATTUR ⭐

Hattur, «el sombrero», es una curiosa prominencia rocosa que corona una montaña desértica. Bastante fotografiado por su singularidad, puedes escalarlo para admirar el panorama subiendo por las crestas ocres que lo rodean. Desde allí, puedes continuar por

© OLEG SENKOV – SHUTTERSTOCK.COM

Paisaje de Landmannalaugar.

el sendero Landmannalaugar-Þórsmörk y emprender una ruta más larga. Como siempre en esta zona, ten cuidado antes de emprender la caminata, ya que las condiciones meteorológicas pueden cambiar muy rápidamente, así que tienes que ir bien equipado.

■ LANDMANNALAUGAR ⭐⭐⭐

Es sin duda uno de los lugares más pintorescos de Islandia, un laberinto de montañas multicolores. Este paisaje desértico es el resultado de la actividad volcánica de tipo ácido, donde la roca más abundante es la riolita. El lugar se presta magníficamente al senderismo, con numerosas rutas señalizadas. La excursión más conocida es la que va desde Landmannalaugar a Þórsmörk, pero la zona cuenta con muchas otras rutas, así que pide consejo a los guardas. También

se organizan excursiones de un día en autobús desde la capital a partir de junio.

■ LANGISJÓR ⭐⭐⭐

Sigue la pista F-208 (Landmannalaugar-Eldgjá) y gira hacia la F-235 en dirección noreste. Langisjór es un lago de 27 km² situado en una zona muy aislada, al norte de Lakagigar y al suroeste de Vatnajökull. El paisaje, con los islotes sobre del lago y las montañas que lo rodean, es espectacular. Es uno de los lagos de montaña más puros de Islandia. La excursión entre Landmannalaugar y Langisjór es imprescindible si deseas conocerlo bien. Es exigente (alrededor de una semana), pero se puede organizar con una agencia local. Te sentirás (casi) como el último ser humano en el mundo.

CARRETERA 35
HVÍTÁRNES

La carretera de Kjölur (Kjalvegur) es la ruta más corta entre el sur y el norte de Islandia. Empieza en Gullfoss, cruza el río glaciar Hvítá, pasa por el manantial de Hveravellir y continúa junto a la central hidroeléctrica de Blönduvirkjun para unirse a la carretera 1, una ruta circular, cerca del río Svartá, en el valle de Langidalur, en el norte. Akureyri no queda lejos. La región de Kjölur consta de una alta meseta desértica dominada por los glaciares Langjökull y Hofsjökull. Hay una bella vista sobre las montañas de Kerlingarfjöll. El pico más alto, el Snækollur, se eleva hasta los 1477 metros. La nieve en la cima de estas montañas está en buenas condiciones todo el año, así que es un lugar muy popular para esquiar en verano.

Al norte de Gullfoss, la carretera F-35 atraviesa el interior de Islandia entre los casquetes glaciares de Langjökull y Hofsjökull. Lo hace atravesando la meseta de Kjölur, un desierto de piedras rodeado de montañas heladas. Puede ser peligroso para un coche normal, así que lo mejor es conducir un todoterreno con chasis alto y bien protegido, o tomar el autobús, que pasa a 8 km de Hvítárnes. Así pues, la parada es un lugar reservado para ciclistas curtidos o caminantes obstinados que tendrán que recorrer los 8 km a pie. El río Hvítá, sobre el que se alza Gullfoss, nace en Hvítárvatn, un gran lago de color azul pálido en el que desemboca una lengua del Langjökull, un casquete glaciar de 953 km².

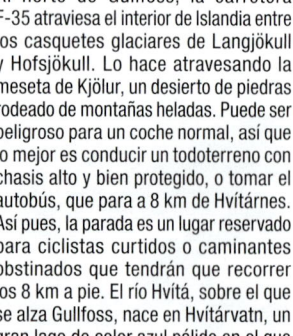

KERLINGARFJÖLL

Kerlingarfjöll, la «montaña de las brujas», es un macizo formado por picos de riolita cubiertos de hielo, que culmina en la cumbre del Snaekollur, a 1477 metros. Estas coloridas montañas albergan más de mil solfataras que cubren de humo las laderas. Cuenta la leyenda que una vieja bruja (*kerling* en islandés) quedó petrificada aquí y dio nombre al macizo. La roca domina la cascada de Gýgjarfoss, al borde de la carretera F-347. Hasta mediados del siglo XIX, los islandeses también creían que los alrededores estaban habitados por peligrosos bandidos. Hoy en día, el lugar es popular entre los excursionistas, que disponen de múltiples senderos que recorrer.

HVERAVELLIR

Este lugar en pleno desierto es, con diferencia, el mejor equipado de la carretera de Kjalvegur, así que la mayoría de los turistas lo eligen para hacer una parada. En un espacio reducido, podrás observar numerosos y variados fenómenos geotérmicos: fuentes termales, solfataras, aguas burbujeantes de diversos colores… Las aguas termales han hecho de Hveravellir una parada ideal para los viajeros desde hace siglos. También hay géiseres, entre ellos el Öskurhólshver, el mayor de todos, y una piscina geotérmica natural donde podrás darte un chapuzón en agua caliente.

■ RESERVA NATURAL

Hveravellir es un espacio natural protegido con numerosos fenómenos geotérmicos: fuentes termales, solfataras, aguas burbujeantes, pequeños domos blancos o amarillos por su contenido de azufre… Con sus fuentes termales (a las que se llega tras una corta caminata), Hveravellir es una parada ideal para los viajeros. También hay varios géiseres, el mayor de los cuales es Öskurhólshver, y una piscina geotérmica natural. Para llegar, hay que tomar la carretera F-35, preferiblemente en todoterreno.

VISITA

Reserva Natural de Hveravellir..

© FILIP FUXA – SHUTTERSTOCK.COM

CARRETERA 26

Si sales de Hella por la carretera 1, una vez has dejado atrás la montaña de Búrfell, encontrarás la F-26, la carretera que atraviesa las altas mesetas de Sprengisandur pasando por el valle de Þjórsárdalur. Estarás, sin duda, en la carretera más fascinante de Islandia. Sprengisandur es el mayor desierto pedregoso de Europa, un inmenso campo de lava creado por sucesivas erupciones volcánicas. La ruta ofrece una gran variedad de paisajes, con desiertos de arena negra que contrastan con vastas extensiones cubiertas de hielo hasta llegar a las aguas termales de Laugafell. El panorama es impresionante, con los glaciares de Vatnajökull y Hofsjökull al fondo. De vez en cuando se vislumbran zonas verdes como Nýidalur y Þjórsárver. La mayor colonia de gansos silvestres del mundo anida aquí cada primavera. Desde Sprengisandur, otras pistas llevan a Askja (F-910), y más allá, al norte de Islandia, por Mörðrudalur y Mývatn.

ÞJÓRSARDÁLUR

Por el Þjórsádalur, el «valle del Þjórs», transcurre el río más largo de Islandia, que atraviesas un paisaje muy cambiante, con picos de lava, seudocráteres, bosques de abedules y arenas negras. Más allá del Þjórsárdalur, la pista F-26 de Sprengisandur atraviesa las extensas e inhóspitas tierras altas del norte. La región era antaño conocida por ser la guarida de forajidos y proscritos. La carretera solo es accesible en vehículos todoterreno y suele abrirse a principios de julio. Solo hay una gasolinera en Hrauneyjar, al sur de la carretera.

Asegúrate de llenar el tanque y, además, de llevar tus propias reservas.

■ BÚRFELLSVIRKJUN
Carretera 32

Junto al monte Búrfell (669 m) se encuentra la central hidroeléctrica de Búrfellsvirkjun, una de las mayores del país, construida en el interior de la montaña. La fachada de la central fue decorada por el escultor Sigurjón Ólafsson (1908-1982), natural de Eyrarbakki, en la costa sur de Islandia. En Búrfell, no muy lejos del emplazamiento original, está la granja Þjóðveldisbær, construida en 1974 en estilo medieval para conmemorar el 1100 aniversario de la llegada de los primeros colonos a Islandia. Frente a la estación eléctrica se encuentra la cascada de Hjálparfoss.

■ HÁIFOSS
Carretera 32

La cascada de Háifoss tiene un nombre muy adecuado, ya que significa «cascada alta». Con sus 122 metros de caída libre, es la segunda más alta de Islandia. Para llegar, tardarás unas dos horas de fácil caminata desde Stöng siguiendo el río que la alimenta, el Fossá. También se puede llegar en vehículo (hay un aparcamiento justo al lado), preferiblemente un todoterreno, ya que la ruta no está asfaltada. Una vez en el lugar, la panorámica es impresionante y no te arrepentirás de la caminata: solo naturaleza hasta donde alcanza la vista, y nada de turistas.

■ HJÁLPARFOSS
Carretera 32

Situada en la costa sur de Islandia, al norte del volcán Hekla, esta magnífica cascada es poco conocida, proba-

Hjálparfoss.

blemente porque está muy lejos de la carretera 1 (aunque es accesible sin necesidad de un todoterreno). El encanto de Hjálparfoss reside en que tendrás la oportunidad de admirar no una, sino dos cascadas, que se unen en una cuenca circular. Provienen del mismo curso de agua, aunque están separadas por un saliente de roca. La inusual cascada doble de Hjálparfoss está enmarcada por columnas de basalto. Seguramente podrás ver un arco iris, un fenómeno frecuente cuando hace buen tiempo.

◼ STÖNG ⭐
Carretera 327

El yacimiento arqueológico de Stöng alberga una granja vikinga del siglo XII que quedó sepultada en 1104 por la catastrófica erupción del Hekla. De hecho, desde la época de la colonización de Islandia, los ricos agricultores prosperaron en estas tierras hasta que todo el valle quedó sepultado bajo una gruesa capa de ceniza volcánica y lava.

Todas las granjas de la época (se han encontrado unas veinte) fueron abandonadas posteriormente. Los restos de la «casa larga» de los Stöng, excavada en 1939, todavía son visibles. Vale la pena el desvío.

◼ VEIÐIVÖTN ⭐
Carretera F-228

No sé si lo sabías, pero en Islandia la pesca es un deporte de ocio muy popular y hay muchos lugares donde disfrutar de su práctica. Veiðivötn (literalmente «lagos de pesca») es uno de esos espacios. El nombre hace referencia a una multitud de pequeños lagos en la Reserva Natural de Fjallabak, situada al norte de Landmannalaugar. El lugar es tan verde como reconfortante: es fácil imaginarse pasando el día mientras esperas a que piquen. Debes tener en cuenta que necesitarás un todoterreno para llegar, porque una parte de la carretera no está asfaltada y tendrás que cruzar dos vados importantes.

SPRENGISANDUR ⭐⭐

Para cruzar la isla de sur a norte (o viceversa), solo hay dos pistas. Las más conocidas son la F-35, la carretera de Kjölur, y la F-26. Esta región deshabitada ubicada en el centro de Islandia se encuentra entre los glaciares de Hofsjökull y Vatnajökull. La atraviesa la carretera F-26. Ambas son accesibles solo en verano, normalmente a partir de mediados de junio. Su nombre procede de la palabra *sprengja*, que significa «fatigarse», ya que las pocas personas que se atrevían a cruzar esta zona en el pasado lo hacían lo más rápido posible porque creían que estaba poblada por trolls y elfos y, por tanto, era muy peligrosa. La ruta pasa al pie del Tungnafellsjökull, un glaciar que se eleva hasta los 1520 metros.

■ ALDEYJARFOSS ⭐⭐

En las tierras altas al norte del río Skjálfandafljót, esta cascada rodeada de bellas columnas de basalto es de visita obligada. Aunque el salto de agua es relativamente bajo (20 metros), el entorno es impresionante. El torrente de agua de color azul lechoso contrasta con las columnas negras de basalto, que dibujan líneas rectas en la pared de roca. Esta cascada se encuentra al comienzo de la F-26, 43 km al sur de Goðafoss, y se accede a ella principalmente por la carretera 842 y luego por la pista F-26 hasta el aparcamiento. Necesitarás un todoterreno para transitar por esta pista.

■ LAUGAFELL ⭐

Este es uno de los lugares que nos recuerdan por qué Islandia es un país tan mágico. Imagínate atravesar una gran extensión desértica de arena negra (el Sprengisandur) para encontrarte frente a una piscina natural de aguas termales que parece haber aparecido de la nada, justo al lado de un refugio donde pasar la noche (el refugio Ferðafélag Akureyrar).

Aldeyjarfoss.

Si vienes en automóvil, necesitarás un todoterreno y estar bien informado sobre el tiempo, ya que las tormentas pueden ser impresionantes. Y si vienes en invierno, tendrás que prestar atención, ya que puedes cruzarte con peatones.

HEKLA

El Hekla es un gran estratovolcán que se eleva hasta los 1491 metros. Es el volcán más activo de Islandia: ha entrado en erupción varias veces, en 1970, 1980, 1991 y finalmente en el 2000, y, de hecho, puede volver a hacerlo en cualquier momento, ya que también es el más impredecible. En julio de 2011 se detectaron movimientos de magma, pero no hubo erupción. Su cima, aún cubierta de nieve, está rodeada de lava negra. Si deseas ver el volcán de cerca, Leirubakki (carretera 26) y la pista 225 (13 km más al norte) son sin duda los puntos más próximos. Por cierto, la cima del Hekla no fue hollada hasta 1750, porque se creía que era la puerta al inframundo…

VISITA

HACIA LAS TIERRAS ALTAS DEL INTERIOR

Las Tierras Altas de Islandia son salvajes y aún poco frecuentadas en comparación con los grandes ejes viarios del país. En esta región te sentirás lejos de todo, cerca del alma de este país donde todavía te puedes maravillar ante tantos fenómenos naturales. Picos rocosos, volcanes, valles verdes, desiertos repletos de minerales: los paisajes que te aguardan dejarán una huella profunda en tu espíritu.

HERÐUBREIÐ

En Herðubreiðarlindir, los «manantiales de Herðubreið», los escasos manantiales de agua dulce del desierto volcánico de Ódáðahraun se agrupan para conformar un oasis enclavado a los pies del Herðubreið, la «montaña de hombros anchos». Se trata de una tuya, un volcán nacido bajo el hielo, con una cima plana y nevada, y unas laderas empinadas. Su silueta negra suele estar rodeada de nubes. En siglos pasados, el desierto de Ódáðahraun era poco conocido y raramente visitado, ya que servía de refugio a los forajidos. Estos proscritos tenían la opción de abandonar la isla o refugiarse en el interior. En la zona encontrarás pocos alojamientos, que son principalmente refugios, como el de Thorsteinnskáli.

■ **HERÐUBREIÐ**

A 1682 m de altitud, esta montaña plana con un cono volcánico en la cima es una de las más bellas del país. Un sendero señalizado conduce hasta el pie del Herðubreið y lo rodea. La ascensión requiere una buena dosis de prudencia: algunos tramos son difíciles, mientras que en otros hay riesgo de caída de rocas. El acceso más fácil es por el oeste. Como siempre, es aconsejable comprobar la previsión meteorológica, salir solo si el tiempo acompaña y avisar al refugio con antelación. Necesitarás una jornada para llegar a la cumbre desde el refugio.

■ HROSSABORG

No lejos de la carretera 1, por la F-88. Desde el principio de la pista se puede ver el imponente cráter del Hrossaborg, formado hace más de 7000 años tras una erupción hidromagmática que tuvo lugar en el mismo sistema volcánico que el Askja. Su forma era antaño casi perfectamente circular, pero las sucesivas inundaciones erosionaron el cráter. Antes de ser utilizado como plató para la película *Oblivion,* protagonizada por Tom Cruise (2013), se utilizaba como corral para caballos, de ahí su nombre, que significa «castillo de los caballos». Solo se puede acceder en todoterreno cuando hace buen tiempo.

■ ÓDÁÐAHRAUN ⭐

La pista F-88 se adentra poco a poco en Ódáðahraun, el mayor desierto frío de Islandia (4400 km²), formado por campos de lava y arena volcánica, y el mayor campo de lava del mundo. Su nombre significa «desierto de lava de los criminales»: cuenta la leyenda que era el lugar favorito de los forajidos para refugiarse, aunque pocos sobrevivieron a las hostiles condiciones. Durante tu visita, no te olvides de hacer una parada en el oasis de Herdubreidarlindir, al pie del volcán Herðubreið.

KVERKFJÖLL

Kverkfjöll, «las montañas del desfiladero», es uno de los volcanes que bordean el glaciar Vatnajökull por el norte. Más alto que el casquete glaciar, alcanza una altura de 1929 metros. Aquí podrás observar todas las manifestaciones de un glaciar. El agua se mezcla con el fuego, pues también es un emplazamiento geotérmico, donde el calor funde el hielo, dominando un desierto de lava. La región está salpicada de fuentes termales que brotan debajo del glaciar, así como de cuevas subglaciales creadas por las cálidas aguas. Sin embargo, conviene decir que no es aconsejable aventurarse en la región solo debido a los frecuentes desprendimientos de bloques de hielo y a la posible presencia de azufre.

© NOMADIKATE – SHUTTERSTOCK.COM

Kverkfjöll.

SURESTE

Desde la inmensa llanura aluvial de Skeiðarársandur hasta el bosque de Hallormsstaður, desde las lenguas glaciares del Vatnajökull hasta el impresionante Vestrahorn, que se eleva sobre las tormentosas olas del Atlántico, y desde las lagunas costeras hasta el soberbio relieve de la Reserva Natural de Lónsöræfi, el sureste de la isla merece absolutamente una visita: los paisajes grandiosos están garantizados.

Entre las visitas obligadas de la región, podemos citar Skaftafellsheiði, un páramo protegido que ofrece impresionantes vistas de los hielos del Vatnajökull; la cascada de Svartifoss; el Hvannadalshnúkur, el «techo» helado de la isla, que se eleva hasta los 2110 metros; Jökulsárlón; Lónsöræfi, una vasta extensión deshabitada al este del Vatnajökull; la isla de Papey, la «isla de los monjes», hoy deshabitada y rodeada de islotes; Seyðisfjörður, un pequeño y colorido puerto enclavado al final de un estrecho fiordo, que cobra vida cada semana cuando llega el ferri procedente de Dinamarca, y el bosque de Hallormsstaður, cerca de Egilsstaðir.

REGIÓN DEL PARQUE NACIONAL VATNAJOKULL

Esta región poco poblada está dominada por el mayor glaciar de Europa, el Vatnajökull, el «glaciar de las aguas», que da nombre al mayor parque nacional de Islandia. Su casquete glaciar, el mayor del mundo fuera de las capas de hielo de la Antártida y Groenlandia, cubre 8100 km^2, es decir, el 8 % del país. Esta extensión blanca de aspecto apacible oculta cuatro de los volcanes más activos del país: el Grímsvötn, el Kverkfjöll, el Bárðarbunga y el Öræfajökull. Aquí, más que nunca, se mezclan el hielo y el fuego. Las erupciones subglaciales son especialmente temidas, ya que pueden dar lugar a lahares (flujos de lodo) especiales, conocidos como jökulhlaup. La frecuencia de los jökulhlaup explica por qué la carretera 1 (la Ring Road) no se pudo terminar hasta 1974.

SKAFTAFELL ★★★

Se trata del mayor parque nacional de Islandia (desde 1967), que incluye una parte del Vatnajökull, el «glaciar de las aguas», cuyo casquete glaciar, de 8100 km^2, lo convierte en el mayor glaciar de Europa. A partir de la segunda temporada de Juego de Tronos, este parque ha acogido muchas de las escenas que tenían lugar más allá del Muro.

Esta maravillosa región alberga una gran variedad de hermosos picos y glaciares, así como el volcán Grímsvötn. Para explorar la zona, tendrás que caminar por la landa de Skaftafell, en las estribaciones del Vatnajökull, rodeada por las lenguas glaciares de Morsarjökull y Skaftafellsjökull.

ICE FALL

Sveitarfélagiò. Svínafell

☎ +354 888 8386

icefall.is

icefall.is es una empresa francesa que ofrece sus servicios a viajeros de todo tipo, sin importar su procedencia. Su fundador, Laurent Jegu, que ya es un verdadero islandés y es un apasionado de la geología, la glaciología y el vulcanismo, cuenta con más de quince años de experiencia como guía de aventuras al aire libre. Entre sus lugares favoritos está el glaciar Vatnajökull y la región de Skaftafell. Ofrece excursiones de un día completo y de media jornada, adaptadas al nivel y los deseos de cada uno, para descubrir Islandia y conocer de cerca sus maravillas naturales.

ÖRÆFAJÖKULL ⭐⭐

En la carretera 1, al salir de Skaftafell, la enorme masa de hielo del Öræfajökull domina los *sandar* negros donde serpentean las lechosas corrientes de los ríos glaciares. En la zona de abajo, una tierra desolada de arena negra arrancada a los volcanes se extiende desde el Skreiðará hasta Breiðamerkursandur. Las grandes granjas vikingas de principios del periodo colonial fueron completamente arrasadas por la catastrófica inundación que siguió a la erupción volcánica subglacial del Öræfajökull en 1362. Destacar que Öræfajökull se refiere tanto al volcán como al glaciar del mismo nombre.

CUMBRES ⭐⭐⭐

¿Quieres subir a las cimas? Es posible ascender el Sjónarsker, donde descubrirás un mirador absolutamente grandioso, y luego el Skerhóll (526 m) y/o a los miradores de Fremrihnaukur (610 m) y Nyrðrihnaukur (706 m).

Desde este último, se puede subir a la cima del Kristínártindar (1126 m), que domina Skaftafellsheiði, siguiendo la empinada cresta. Detrás se encuentra el Skarðatindur (1385 m). Esta magnífica caminata te llevará entre 6 y 7 horas, así que trae comida para hacer un pícnic para disfrutar del momento y reconfortarte después de semejante esfuerzo.

SVARTIFOSS ⭐⭐⭐

Las laderas más bajas de Skaftafellsheiði están surcadas por numerosas cascadas y saltos de agua. El más espectacular de ellos es, sin duda, Svartifoss, que se precipita desde un saliente de órganos basálticos. Tan fotogénica como atípica, es una cascada cuya visita hay que ganársela, porque hay que caminar durante unos treinta minutos para superar un desnivel de 180 metros. Aguas abajo, el curso de agua tiene tres saltos más, en Magnúsarfoss, Hundafoss y Þjófafoss. Antaño, los jinetes solían cruzar el torrente en Hundafoss para llegar a las granjas.

VALLE DE MORSÁRDALUR ⭐⭐

Dos senderos conducen al valle de Morsárdalur y al puente sobre el río Morsá: uno pasa junto al mirador de Sjónarsker y el otro, más largo, a través de las laderas inferiores densamente arboladas. A continuación, puedes continuar por las laderas rocosas de Skógar, donde hay abundantes cascadas. Estas laderas forman parte de la vertiente occidental de Skaftafellsheiði. La parte baja de las laderas está cubierta por un hermoso bosque de abedules, Bæjarstadarskógur, cuyo sotobosque denso y florido contrasta con el desierto pedregoso del cauce del Morsá. Un paisaje vertiginoso y espléndido.

OCÉANO ATLÁNTICO

85 Raufarhöfn

Kòpasker

Þórshöfn 85 Bakkafjörður

Hùsavik 85

85 862

0 m

882 m

Vopnafjörður

Myvatn

85

1251 m

Borgarfjörður Eystri 94

MYVATNSÖRAEFI

Seyðisfjörður

1 Egilsstaðir 93

Neskaupstaður 1056 m 92

Eskifjörður

Reyðarfjörður

Fáskrúðsfjörður

1201 m

96

931

998

1177 m

Öskjuyatn

Snaefell 1833 m

Breiðdalsvík

1453 m

998

1812 m

Bardharbunga 2000 m

Parque Nacional de Vatnajökull

BRÉIDHABUNGA

1235 m

1236 m

Djúpivogur 1

Hamarsfjörður

Isla de Papey

Stafafell

1659 m

VATNAJÖKULL

Höfn

Hornafjörður 1

Granalán

Jökulsárlón

Skaftafell

2119 m

0 20 40 km

1

Litla Hof

kjubæjarklaustur

Hardhavikurôs

OCÉANO ATLÁNTICO

■ VATNAJÖKULL ★★★

Cuando lo observas, entiendes por qué es el mayor glaciar de Islandia. La imponente masa de hielo del Vatnajökull desborda las laderas de las montañas, y gigantescos frentes de hielo se arrastran hasta alcanzar las arenas negras y las praderas de la franja costera. A veces se pueden ver verdaderas colonias de cisnes silvestres, casi tan numerosos como las ovejas que pastan en la hierba de estos prados. Un paraíso para los excursionistas y los amantes del hielo. Desde julio de 2019, el Parque Nacional del Vatnajökull está clasificado como Gran Patrimonio Natural de la Humanidad por la Unesco.

LITLA HOF

Litla Hof es un pequeño asentamiento rural de unas diez casas a los pies del Öraefajökullen, en cuya cima se ha formado una profunda caldera desde las erupciones de 1362 y 1727. La primera de estas erupciones devastó toda la región de Litla-Héraô, que desde entonces recibe el nombre de Öraefi, o «desierto». Hof se encuentra a 20 km de Skaftafell y a 37 de Jökulsárlón.

JÖKULSÁRLÓN ★★★★

Es uno de los lugares más mágicos de Islandia, elegido por directores de cine (aquí se han filmado dos películas de *James Bond* y *Tomb Raider*) y para varios anuncios publicitarios. En esta laguna glaciar, el Vatnajökull se deshace en icebergs azulados, moteados de ceniza volcánica. Se trata de una excursión imprescindible para todo turista que visite Islandia, y que se puede hacer en una extraña embarcación anfibia que tiene la particularidad de llevar también ruedas, o en una zodiac entre los bloques de hielo. Con la paciencia suficiente, podrás ver cómo se desprende un iceberg u observar focas grises nadando.

■ MUSEO ÞÓRBERGUR ÞÓRÐARSON ★

Hali
✆ +354 478 1078
www.hali.is
Dedicado al escritor Þórbergur Þórðarson (1888-1974), este museo hace un recorrido por su vida, dando a conocer su historia y sus obras. El museo está muy bien diseñado, con varias salas que recrean los lugares donde vivió y los momentos más destacados de su vida. Una visita obligada si estás de paso, sobre todo porque los horarios de apertura son bastante flexibles. No te pierdas la fachada, que imita una estantería de biblioteca. Puedes alojarte en el Hali Country Hotel o comer en el mismo museo.

© NICOLAS BERTHY – FOTOLIA

Lago de Jökulsárlón.

HORNAFJÖRÐUR

La vasta región de Suðurveit y Mýrar está encajonada entre el Vatnajökull y el mar, y alcanza hasta la orilla occidental de Hornafjörður. Está salpicada de varias granjas y aldeas, lo que constituye un buen punto de partida para explorar los alrededores. Y si prefieres el ambiente de una pequeña ciudad, dirígete a Höfn.

HÖFN

La ciudad de Höfn (que significa «puerto» en islandés) está resguardada por dos ensenadas, casi encerradas por dos largas y delgadas lenguas de tierra, una de las cuales es una península y la otra una isla, lo cual deja solo dos estrechos pasos para los barcos y para el océano. Esta pequeña localidad de dos mil habitantes es como una isla de civilización, aislada de otras comunidades. No se conectó a la red de carreteras islandesa hasta 1974, gracias a la finalización de la carretera circular 1. La ciudad no solo es famosa por su colonia de focas, sino también por su clima húmedo y ventoso. Sus especialidades son la pesca, la mozzarella y la ternera.

Glaciar Vatnajökull

■ **RESERVA NATURAL DE ÓSLAND**

Esta reserva natural situada en las afueras de Höfn es muy popular entre los excursionistas a los que les gusta combinar las excursiones con la observación de aves. Podrás caminar a lo largo de la costa y disfrutar del rocío del mar, o tal vez prefieras encaminarte hacia las inmediaciones del lago Óslandstjörn para observar la vida silvestre. El charrán ártico suele deambular por estos parajes en verano, ¡antes de regresar a la Antártida en invierno! Se puede acceder a esta reserva a pie a través de un istmo, una franja de tierra entre dos mares, cerca del puerto de Höfn.

STAFAFELL

La carretera discurre por la desembocadura del río glaciar Jökulsá í Lóni antes de llegar a Stafafell, situado al pie de las coloridas montañas de Lón y Lónssandur, en el delta de dicho río. Se trata de una antigua granja con un albergue juvenil y un camping abierto todo el año. Stafafell, que no se encuentra junto a la carretera (pero si lo pides el autobús para allí), es un buen punto de partida para descubrir la naturaleza salvaje de Lónsöræfi. La pequeña iglesia de la granja data de 1868 y contiene algunos objetos interesantes, como un altar del siglo XVII. Las montañas de riolita de Stafafell son famosas por sus colores y paisajes salvajes.

VISITA

FIORDOS DEL ESTE

Se trata de una de las regiones más antiguas de Islandia, junto con los fiordos del oeste, lo que explica el bajo nivel de actividad volcánica. El paisaje es de una belleza salvaje y la espléndida costa está tallada en profundos fiordos, separados por imponentes montañas que se sumergen en el océano. Las sinuosas carreteras serpentean entre el mar y las montañas, hasta la península de Langanes, en el norte, uno de los lugares más inhóspitos de Islandia, con sus soberbios fiordos y pequeñas aldeas de casas de colores. Hacia el interior, las montañas se desvanecen y dejan paso a una vasta meseta desértica a menudo visitada por renos, introducidos desde Noruega en la década de 1770. El este de Islandia, que representa casi una cuarta parte del territorio isleño, está escasamente habitado (5% de la población).

A lo largo de los siglos, los islandeses han vivido casi exclusivamente de la pesca. El declive de esta actividad ha provocado un importante éxodo a Reikiavik en los últimos años.

ISLA DE PAPEY

La pequeña y plana isla de Papey solo tiene unos 2 km² de superficie, pero está rodeada de otros muchos islotes e islas repletos de diferentes especies de aves, y a menudo se pueden ver focas grises en los arrecifes.

Hay muchos acantilados para anidar, de entre 20 y 40 metros de altura, y desde hace mucho tiempo, el hombre escala las rocas para recoger los huevos. Una curiosa formación rocosa llamada Kastali, el «castillo», domina el puerto de Árhöfn, en el lado oeste de la isla. Según la creencia popular, ahí viven todos los elfos de Papey. En el norte de la isla, otra formación llamada Einbúi, el «solitario», se dice que es la iglesia de los elfos.

© LEOSPEK – SHUTTERSTOCK.COM

Isla de Papey.

DJÚPIVOGUR

El pequeño puerto de Djúpivogur (355 habitantes) está formado por unas pocas casas que se reúnen alrededor de viejos muelles de madera donde amarran un puñado de barcos pesqueros. Tienes que ver los secaderos de pescado que bordean la carretera. Antes de la introducción del monopolio danés sobre el comercio, Djúpivogur era un puesto comercial hanseático. En esa época, al igual que Vestmannaeyjar, el pequeño puerto fue atacado por piratas argelinos en 1627. Los piratas capturaron a más de cien personas (para venderlas como esclavos) y mataron al resto de la población.

■ BÚLANDSTINDUR ⭐

Al igual que el Snæfellsjökull, la pirámide natural del monte Búlandstindur (1069 m) es considerada como uno de los puntos espirituales más importantes del mundo. Se dice que desde la cima de esta montaña se arrojaron los ídolos paganos cuando el país se convirtió al cristianismo. En Teigarhorn, al pie de la montaña, se encuentra uno de los mayores yacimientos del mundo de zeolita (un silicato complejo de origen volcánico). En la actualidad, su extracción está prohibida (excepto para la familia que vive en la granja de Teigarhorn), así que la mina tuvo que cerrar.

■ MUSEO Y CENTRO CULTURAL DE LANGABÚÐ ⭐

✆ +354 478 8220

www.sagatrail.is/en/museums/langabud

Langabúð, «la tienda larga», es uno de los edificios comerciales más antiguos de Islandia, ya que una parte fue construida en 1790. En su interior hay una sala dedicada a las obras del escultor Rikarður Jónsson, fallecido en 1977 y autor de interesantes retratos, como el de Eysteinn Jónsson, antiguo ministro nacido en Djúpivogur. Otra exposición está dedicada al folclore, la historia y la artesanía regional. Has de probar los deliciosos pasteles de la cafetería del recinto.

BREIÐDALSVÍK

Breiðdalsvík es un pequeño puerto pesquero de 143 habitantes (209 si contamos el distrito), situado en la entrada de amplios valles interiores. La localidad es pequeña, pero está enclavada en un entorno exuberante que merece una visita. Estos valles están rodeados de majestuosas montañas, en su mayoría de basalto, pero también de riolita, con picos que superan los mil metros de altitud. Varias rutas de senderismo atraviesan la meseta de Breiðdalsheiði, a menudo salpicada de renos salvajes. Si remontas el río Breiðalsá, es muy posible que te encuentres con pescadores de salmón.

■ COLECCIÓN DE ROCAS DE PETRA (STEINASAFN PETRU) ⭐⭐

Fjarðarbraut, 21. Stöðvarfjörður

✆ +354 475 8834

www.steinapetra.is

En la carretera principal.

Petra (1922-2012) fue reuniendo su colección de rocas en su propia casa. En el jardín y en cada rincón del museo, encontrarás una impresionante colección de rocas islandesas que la anciana empezó a recolectar en 1946. Desde entonces, fue añadiendo a la colección ejemplares de todo el mundo. Es un conjunto bastante *kitsch,* pero si eres aficionado, no te lo puedes perder. No olvides que es una buena idea tomarte un descanso y respirar un poco de aire fresco.

FÁSKRÚÐSFJÖRÐUR

Este pequeño pueblo de 654 habitantes se encuentra al pie de una escarpada montaña que domina el fiordo de Fáskrúðsfjörður, a 80 km de Egilsstaðir. Mar adentro, se encuentran tres islas, Aeðey, Andey y Skrúður, que son un auténtico paraíso para las aves, a las que solo se puede llegar en barco. Fáskrúðsfjörður fue en su día una de las principales bases de los franceses que faenaban en los fiordos orientales hace más de un siglo. Aquí construyeron un hospital y una capilla. El cementerio, donde están enterrados marineros franceses y belgas, se encuentra en la orilla norte del fiordo, en un lugar llamado Krossar. Pronto te darás cuenta de que algunos de los nombres de las calles están en islandés y francés.

■ FRANSMENN A ÍSLANDI (FRANCÉS DE ISLANDIA)

Hafnargata, 12
✆ +354 470 9000
www.visitfjardabyggd.is
En esta bonita casa de madera, con las banderas islandesa y francesa ondeando en la fachada (que comparten colores), podrás conocer todo sobre los pescadores franceses que, durante tres siglos, vinieron a surcar las costas de Islandia. Hasta 1914, unos 5000 marineros franceses faenaban cada invierno en las orillas islandesas. Aunque modesto, este conmovedor museo presenta su historia mediante dos documentales, numerosas fotos antiguas, objetos y otros vestigios de la herencia francesa en Islandia.

REYÐARFJÖRÐUR

No lejos de la carretera 1 que viene de Egilsstaðir, junto a la carretera 92,

Reyðarfjörður está ubicada en un entorno impresionante. En una ribera, el fiordo está enmarcado por imponentes picos rocosos, y en la otra, por verdes colinas. Desde el centro de la localidad parte una ruta de senderismo que bordea el río Búðará. Reyðarfjörður es famosa por albergar la polémica fundición de aluminio de Fjardaál. Acabada en 2009, el proyecto está causando controversia por su nocivo impacto ambiental. También es la segunda ciudad más grande del municipio de Fjarðabyggð, que abarca distintos fiordos desde Mjóifjörður hasta Breiðdalsvík.

ESKIFJÖRÐUR

Situado en la orilla norte del fiordo más ancho de la costa oriental, Eskifjörður, un puerto con unos 1100 habitantes, está dominado por el monte Holmatindur (985 m). A la cima se llega por un sendero que requiere bastante esfuerzo, pero las vistas merecen la pena. Völvuleiði, la «tumba del vidente», se encuentra en un alto. Cuenta la leyenda que una vez vivió una vidente en la granja de Sómastaðir, en Reyðarfjörður. Antes de morir, pidió ser enterrada en el lugar más hermoso del fiordo, y predijo que mientras sus huesos reposaran allí, el fiordo estaría protegido. Los barrios antiguos de Eskifjörður se han conservado. La mayoría de las casas han sido restauradas.

■ HÓLMANES

La península de Hólmanes, entre Eskifjörður y Reyðarfjörður, es una reserva natural protegida que alberga numerosas colonias de aves. Aquí dispones de muchas posibilidades para practicar senderismo por los

© LIVEYOURLIFE – SHUTTERSTOCK.COM

Neskaupstaður.

alrededores, que también incluyen las montañas cercanas, donde se pueden ver renos y pescar salmones en el río Eskifjarðará. Los amantes de los animales pueden avistar delfines, visones y zorros. ¡Mantén los ojos bien abiertos! Una excursión estupenda para desconectar. El lugar es realmente sublime.

■ MUSEO MARÍTIMO
Strandgata, 39b
☎ +354 470 9063
Se trata de un museo típico ubicado en unos antiguos almacenes que datan de 1816, y que te permitirá sumergirte en la historia local. Una exposición de objetos muestra el apego de los islandeses por el mar, en particular durante el período de prosperidad de la pesca del arenque. También verás otros objetos de los últimos siglos, como material médico o enseres comerciales. El recorrido está muy bien presentado. Un lugar ideal para disfrutar de una visita educativa y

auténtica. Si tienes alguna duda, puedes preguntar al amable personal.

NESKAUPSTAÐUR ★★

Neskaupstaður es una de las localidades más grandes del este del país, con 1450 habitantes. Su principal fuente de ingresos es la pesca (arrastreros y numerosas embarcaciones pequeñas), pero también la fértil campiña que se encuentra al fondo del fiordo, en un bello entorno montañoso. Es el pueblo principal del municipio de Fjarðabyggð. Desde aquí se puede hacer una excursión en barco a la bahía de Norðfjörður. En esta región del este se encuentran algunos de los lugares más fascinantes de Islandia, como los coloridos acantilados de Rauðubjörg, y Nípa, el acantilado más alto del país. Un lugar ideal para la observación de aves, además de ser una buena introducción a los cuentos y leyendas que abundan en esta remota región.

■ CASA DE LOS MUSEOS DE NORÐFJÖRÐUR (SAFNAHÚSIÐ)

Egilsbraut, 2
✆ +354 470 9000
www.visitfjardabyggd.is

Bajo el mismo techo se agrupan tres pequeñas e interesantes exposiciones, muy diferentes entre sí. Una consiste en un museo de historia natural con una exposición de aves, minerales, conchas, animales marinos, etc. Otra es la galería Tryggvasafn, que presenta las obras de Tryggvi Olafsson, un artista famoso en Escandinavia, nativo del pueblo, con pinturas abstractas y muy coloridas. Y por último, el museo marítimo Jósafat Hinriksson, que te permitirá descubrir la importancia de la pesca y la construcción naval en la historia local.

SEYÐISFJÖRÐUR ★★★

Seyðisfjörður es un pintoresco puerto de 720 habitantes ubicado al final de un fiordo de dieciséis kilómetros de longitud. El fiordo es tan estrecho y escarpado que, durante tres meses al año, el sol no llega hasta el valle. Si vienes desde Egilsstadir, no te sorprendas al ver varios glaciares en los altiplanos, un espectáculo único y sorprendente. En la actualidad, la economía de la localidad sigue estando impulsada por la pesca y, sobre todo, por la llegada semanal de los transbordadores de automóviles que, desde 1975, zarpan de Dinamarca a través de las islas Feroe. Hoy, la pequeña localidad es una de las más dinámicas de los fiordos orientales.

■ DVERGASTEINN

Orilla norte del fiordo

La antigua rectoría de Seyðisfjörður estuvo situada en Dvergasteinn hasta 1938, cuando la iglesia fue trasladada al pueblo. En la playa, entre la orilla y la antigua granja, ahora desierta, se alza una gran roca de aspecto bastante extraño, Dvergasteinn. La roca tiene forma de cono, con agujeros muy dispares, algunos pequeños y otros grandes, y se dice que es el hogar de

Seyðisfjörður.

los elfos. Si no ves a ninguno, al menos podrás maravillarte con este bloque de piedra tan insólito, cuyo relieve se ha formado más bien a causa de la erosión, el viento o la acción del hielo.

■ MUSEO TÉCNICO DE ISLANDIA DEL ESTE
Hafnargata, 44
✆ +354 472 1696
www.tekmus.is
Este edificio de 1894 era originalmente la casa de un comerciante noruego y luego, en 1906, se convirtió en la sede del primer telégrafo de Islandia. En este museo técnico se pueden admirar exposiciones tanto sobre las casas históricas de Seyðisfjörður como sobre las primeras telecomunicaciones. Cuando hace buen tiempo, podrás disfrutar de un pícnic en sus jardines. Y pese a que en 2020 un corrimiento de tierras destruyó la mitad del museo, sigue mereciendo la pena visitarlo por su aspecto lúdico.

EGILSSTAÐIR

Egilsstaðir, la capital del este, con 2260 habitantes, es el centro administrativo de esta región conocida por su clima suave. La ciudad está a orillas del Lögurinn, un lago cuyas aguas están teñidas por el material que expulsan los glaciares. Este lago de 30 kilómetros de largo es en realidad una protuberancia de uno de los ríos más largos de Islandia, el Lagarfljót. Con su aspecto de lago escocés y su color opalino, una parte de la población cree que es el hogar del Lagarfljótsormurinn, un primo del monstruo del lago Ness. Aquí encontrarás muchos lugares donde alojarte y descansar antes de continuar hacia los fiordos del este.

■ CAÑÓN DE STUÐLAGIL ★★
Grund. Jökuldalsvegur
El cañón de Stuðlagil es, en nuestra opinión, el más bello de Islandia, ¡y, por supuesto, merece la pena visitarlo! Sus bellas aguas turquesas solo tienen parangón con los órganos de basalto que lo rodean, lo que lo convierte en un espectáculo realmente sobrecogedor.

▶ Para llegar, desde la carretera 1, hay que tomar la carretera 923 (hay una señal que indica la dirección del cañón). Hay que recorrer unos 20 km por una pista de grava. Podrás admirar el cañón desde el este si aparcas en el estacionamiento cercano a la granja de Klaustursel, o desde el oeste si dejas el vehículo en la granja de Grund.

▶ Para contemplar el cañón más de cerca, lo mejor es tomar la ruta este. Deja el vehículo en el aparcamiento y comienza la caminata a lo largo del río tras cruzar un puente de madera. Todo está bien señalizado, así que no te preocupes. Por el camino, admira la cascada de Stuðlafoss y continúa hasta llegar a la parte más bonita del cañón, aproximadamente una hora después de empezar a caminar.

▶ Desde aquí, disfruta de las vistas y haz todas las fotos que desees. Se puede descender hasta el fondo del cañón, pero con cuidado. Las rocas pueden estar resbaladizas y si caes al agua, la corriente puede ser fuerte (además del choque que te producirá caer en agua helada).
El sitio está muy concurrido en verano, pero también es cuando las aguas del cañón son más bonitas. Para disfrutar del lugar con más tranquilidad, puede que merezca la pena quedarse en uno de los alojamientos cercanos.

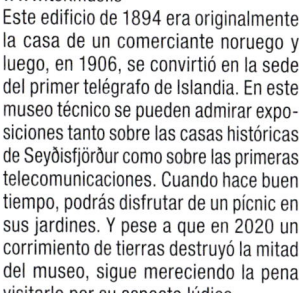

VISITA

CENTRAL HIDROELÉCTRICA DE KÁRAHNJÚKAR

☏ +354 515 9000

Una visita muy original: Landsvirkjun, la compañía eléctrica nacional de Islandia, abre las puertas de la central hidroeléctrica de Fljótsdalur. En la estación de Fljótsdalur se ha construido una plataforma de observación al otro lado de la carretera que ofrece buenas vistas del valle, del equipamiento de la estación y de los cables. Aquí podrás conocer la historia del proyecto, visitar la central eléctrica y, por último, ver la presa para comprender plenamente su funcionamiento.

BOSQUE DE HALLORMSSTAÐUR

A 28 km de Egilsstaðir, en la carretera 931, que está asfaltada.

Situado a orillas del lago, Hallormsstaður es el bosque más grande de Islandia. Ocupa 740 hectáreas. Propiedad de la empresa forestal estatal, es el mejor ejemplo de reforestación de Islandia, con más de cuarenta especies diferentes de árboles (entre ellos, muchas píceas de Alaska, alerces, abetos rojos y pinos). En 1899, el Parlamento islandés aprobó una ley para proteger los bosques del área de Hallormsstaður. Conviene saber que se puede acampar en el lugar y disfrutar de su entorno natural y relajante, a pesar de que las instalaciones comunes son algo básicas.

HENGIFOSS

Hengifoss se encuentra en la orilla oeste del Lögurinn, a poco más de 30 km al suroeste de Egilsstaðir (carretera 931). Es la tercera cascada más alta de Islandia, y cae desde 120 metros sobre un cañón muy encajonado. Para acercarse hasta la caída de agua, tardarás alrededor de una hora por el sendero que parte del aparcamiento. Por el camino, podrás ver otra cascada más modesta, la de Litlanesfoss. Aunque la caminata no es difícil, implica un ascenso de 230 metros y el terreno puede estar embarrado, por lo que es mejor llevar calzado adecuado.

LAGO DE LÖGURINN

A 16 km al sur de Egilsstaðir por la carretera 931.

El lago se encuentra en el valle de Fljótsdalur, ubicado en un entorno muy agradable y relajante. La zona que rodea el lago Lögurinn, conocida también como Lagarfljót por el río que la atraviesa, es atractiva e invita a emprender muchas excursiones. Cuenta la leyenda que una joven que estaba junto al lago había guardado un anillo de oro en una caja, pero cuando la abrió, el anillo se había convertido en un gusano. Embargada por el asco, la arrojó al lago. El gusano creció y creció hasta alcanzar las proporciones gigantescas de un monstruo, la famosa serpiente marina Lagarfljótsormurinn.

CASA DE GUNNAR GUNARSSON (GUNNARSSTOFNUN)

Skriðuklaustur

☏ +354 471 2990

www.skriduklaustur.is

A 5 km al sur de Hengifoss.

En esta bonita casa de piedra negra vivió el escritor Gunnar Gunarsson (1889-1975). Construida en 1939 a su regreso de Dinamarca, alberga un museo que hace un recorrido por la vida y la obra del escritor, y organiza también exposiciones temporales. A los pies de la casa, en el año 2000 se descubrieron los restos de un antiguo monasterio cristiano del

siglo XVI (1494-1563), que es ahora un importante yacimiento arqueológico. Las excavaciones continúan cada verano. En el sótano de la casa hay un buen restaurante en el que sirven especialidades islandesas.

■ **MUSEO DE ISLANDIA DEL ESTE** ⭐⭐

Laufskógar, 1
✆ +354 471 1412
www.minjasafn.is

Este museo cuenta con dos exposiciones permanentes: una sobre los renos, introducidos en la región en el siglo XVIII, y otra sobre la vida rural en el este de Islandia a lo largo de los siglos. El Este es la única región de Islandia en la que te puedes cruzar con renos, ¡así que atento! El museo dispone de un pequeño café y una tienda de recuerdos. Los fines de semana, a veces, se puede asistir a las diferentes fases de preparación de la lana o dar un paseo en un carro tirado por caballos.

■ **VALTHJÓFSSTAÐUR** ⭐

Valþjófsstadur, 701

A solo quince minutos en coche del bosque de Hallormsstaður (el más grande de Islandia), puedes hacer una parada en la capilla rural de Valthjófsstaður. Es conocida por su puerta medieval de madera tallada (con el motivo «del caballero y el león»), única en su género en toda Islandia, que se expone en el Museo Nacional de Islandia. Tómate tu tiempo para admirar la iglesia y pasear a su alrededor. Más adelante, encontrarás la casa del escritor Gunnar Gunnarsson (Skriðuklaustur).

BORGARFJÖRÐUR EYSTRI

⭐⭐

Situado al final de la carretera 94, Borgarfjörður Eystri es un tranquilo pueblo pesquero de un centenar de habitantes. Es un lugar ideal para observar aves marinas y marismas, e incluso uno

Borgarfjörður Eystri.

© JASON KOLENDA – SHUTTERSTOCK.COM

de los mejores espacios del país para ver frailecillos en verano. Está rodeado de coloridas montañas de riolita, dominadas por las crestas de basalto de Dyrfjöll, la «puerta de la montaña» (el nombre hace referencia a la gran brecha visible en medio de las crestas), que es especialmente impresionante. El pintor más conocido de Islandia, Kjarval, vivió en Borgarfjörður Eystri a principios de siglo. El magnífico entorno natural inspiró sus mejores obras.

■ HAFNARHÓLMI

Al este de Bakkagerdi en la carretera 94.

Si te interesa la observación de aves en Islandia, ¡este lugar te encantará! Es un viaje largo y algo monótono desde Egilsstaðir, pero Hafnarhólmi es una zona protegida donde se pueden ver de cerca muchos frailecillos, eíderes comunes, gaviotas tridáctilas y otras aves marinas desde un mirador al que se accede por una escalera. La mayoría llega a mediados de abril y abandonan el lugar a mediados de agosto. Hasta principios de siglo había una veintena de granjas. Hoy están todas abandonadas.

VOPNAFJÖRÐUR

Situado entre Þórshöfn y Egilsstaðir, Vopnafjörður es un pequeño puerto pesquero de 560 habitantes. La región cuenta con algunos de los mejores ríos para la pesca del salmón (Hofsá, Vesturdalsá y Selá). A lo largo de los años, el ahora rey Carlos se ha aficionado a venir aquí a pescar salmones… ¿Se convertirá en un reclamo? En los siglos XVIII y XIX, la ciudad estaba en

pleno apogeo, impulsada por la industria pesquera. En el Museo de Bustarfell (cerrado fuera de temporada) se expone una reconstrucción de esta época. Aunque ya no es tan activa, la pesca sigue siendo uno de los principales recursos de la región. También podrás ver muchas casas de época mientras paseas.

■ MUSEO AL AIRE LIBRE DE BUSTARFELL ⭐⭐

Carretera 920
Valle de Hofsárdalur
☎ +354 844 1153
www.vopnafjordur.com

La antigua granja de turba de Bustarfell (varios edificios alineados), bien conservada, es uno de los museos etnológicos más bellos de Islandia. La parte más antigua de la granja data de 1770. Fácilmente reconocible por sus frontones pintados de rojo, se compone de seis pequeñas casas conectadas por muretes de aislamiento de piedra y cubiertas con techos de turba. Disponen de un café. Acceso bien indicado desde la carretera 85, al suroeste de Vopnafjörður.

ÞÓRSHÖFN

Aunque Þórshöfn ha servido de puerto desde los primeros tiempos de la colonización de la isla, su población es de solo cuatrocientos habitantes. A principios de siglo, la pesca del arenque era un negocio próspero, pero el descenso de la población de este pescado provocó una grave crisis. Varios puertos del norte quebraron. Þórshöfn es la base ideal para visitar las penínsulas de Langanes y Rauðanes.

NORESTE

El noreste de Islandia se caracteriza por ser una región con una gran actividad volcánica, sobre todo alrededor de Mývatn, que también es un espacio ornitológico excepcional. Más al sur, el desierto volcánico se extiende hasta las laderas septentrionales del Vatnajökull. El principal río de la región es el Jökulsá á Fjöllum, que desciende formando cascadas hasta la costa norte. Las temperaturas estivales en el norte son paradójicamente más altas que en el sur, debido a la dirección de los vientos. Además, la oscilación térmica entre verano e invierno es mayor que en el resto del país (en verano, la temperatura media es de +11 °C y en invierno de -5 °C).

Mývatn es una de las regiones más secas de Islandia, ya que los picos del Vatnajökull actúan como barrera contra las nubes procedentes del mar de Noruega y el océano Atlántico. Los vientos del sur a veces provocan tormentas de arena en la carretera al este de Mývatn, que atraviesa altiplanos desérticos.

REGIÓN DE MÝVATN

El noreste de Islandia, tierra de contrastes, se caracteriza por una alta actividad volcánica, sobre todo alrededor de Mývatn, un lugar excepcional para el avistamiento de aves. Aquí se encuentra el lago Mývatn, el «lago de las moscas», que cuenta con cráteres y fuentes geotérmicas naturales, y además de ser el único lugar habitado de las Tierras Altas, es la tercera masa de agua natural más grande del país. Como curiosidad, permanece helado la mitad del año. Pero ¿por qué «lago de las moscas»? Sencillamente, porque es conocido por su gran población de pequeños mosquitos (jejenes), de los que se alimentan los patos en verano… No pican, pero pueden ser muy desagradables.

GRÍMSSTAÐIR

Cerca de la localidad de Grímsstaðir, a 40 km al este de Mývatn, la vegetación reaparece discretamente. En el horizonte se divisa una hilera de conos triangulares, la forma característica de los antiguos volcanes. El pequeño pueblo cuenta con un refugio, desde cuya terraza se tiene una espléndida vista del monte Herðubreið. Al otro lado de la carretera hay una pequeña iglesia luterana del tamaño de una casa de muñecas. Grímsstaðir cuenta también con un camping y un lugar donde pernoctar con sacos de dormir. Una vez pasado el pueblo, la carretera 1 bordea los grandes conos volcánicos que llevas viendo desde hace tanto tiempo, con sus flancos adornados con toda la paleta de tonos terrosos.

ÁSBYRGI

Ásbyrgi es un cañón ubicado en el antiguo Parque Nacional de Jökulsárgljúfur, que desde 2008 está integrado en el mayor parque nacional del país, el del

Vatnajökull. Esta zona se extiende a lo largo de 35 km, siguiendo el curso del cañón del río Jökulsá hasta Dettifoss. El paisaje es muy diferente según la orilla en la que te encuentres, pero la mayoría de los lugares están agrupados en la orilla oeste y se puede llegar a ellos desde la carretera 862. Desde Mývatn y Akureyri, puedes viajar en autobús a Dettifoss pasando por Krafla.

■ DETTIFOSS

La cascada de Dettifoss, situada en medio de un paisaje lunar, es la más potente de Europa. Fue la que escogió Ridley Scott para la escena inicial de *Prometheus* (2012). Dettifoss cae desde 45 metros y su anchura es de un centenar de metros. Fluye por un cañón excavado en el basalto. El espectáculo es del todo impresionante porque podrás acercarte mucho a la caída de agua. Ten cuidado: ¡es muy resbaladizo! El acceso al lugar (a 48 km de Mývatn) se puede realizar tanto por la orilla izquierda del Jökulsá (carretera 862) como por la derecha (carretera 864).

■ JÖKULSÁ Á FJÖLLUM ★★

Con una longitud de 206 kilómetros, el Jökulsá á Fjöllum es el segundo río más grande de Islandia. Sus aguas marrones serpentean por vertiginosas gargantas de basalto. El parque nacional comienza en el sur, a partir de Dettifoss, a lo largo del cañón del Jökulsá, que es el más largo e impresionante de Islandia. Se extiende a lo largo de 25 km y el río alcanza una anchura de hasta 500 m y más de 100 m de profundidad en algunos puntos. El cañón superior, desde Dettifoss hasta Syðra-Þórunnarfjall, es el más profundo (hasta 120 m) y el más espectacular, una maravilla para la vista.

REYKJAHLÍÐ

Situado en la orilla norte del lago, Reykjahlíð es el centro turístico de la región de Mývatn. Lo más interesante se concentra en torno a la iglesia. A la sombra del amenazador Krafla, a los lugareños les gusta recordar que en 1729 las coladas de lava emitidas por este volcán devastaron en gran parte el pueblo, pero se detuvieron a los pies de la iglesia, que se salvó milagrosamente. La última erupción tuvo lugar en 1984. En la actualidad es un pueblo tranquilo donde paran muchos turistas para explorar la región y el lago. Aquí encontrarás pequeñas tiendas, restaurantes y hoteles, así como baños naturales en los que relajarte.

SKÚTUSTAÐIR

Skútustaðir es como el hermano gemelo de Reykjahlíð (a 15 km), pero situado en la orilla sur del lago Mývatn. Cuenta con menos equipamientos, pero el entorno, aunque diferente, es igual de agradable y un cambio de escenario. Hay muchos pseudocráteres, conos con laderas más o menos desnudas, coronados por un cráter cerrado, que no son verdaderamente volcanes, sino extrañas formaciones causadas por el contacto entre el agua del lago y la lava. Skútustaðir también es conocido por sus actividades invernales. Si te alojas en el hotel Sel en época invernal, podrás disfrutar montando a caballo, jugando al golf, a los bolos y otras actividades… ¡sobre el lago helado!

LAGO MÝVATN

Mývatn, el cuarto lago más grande de Islandia, con 38 kilómetros cuadrados, es uno de los enclaves geológicos y ornitológicos más ricos del país. Es reserva natural desde 1976. El clima es relativamente seco y cálido para su latitud (65,5º norte). Reykjahlíð, en la costa norte, y Skútustaðir, en el sur, son los únicos pueblos de la región. Reykjahlíð es, en cierta medida, el centro turístico de la región del lago. Las orillas son bastante planas, lo que facilita los paseos. Hay muchas posibilidades para hacer senderismo, y los numerosos lugares geotérmicos lo convierten en un sitio ideal para pasar unos días. Hay varios senderos señalizados, y lo mejor es no salirse del camino.

LAS GRANDES ETAPAS DEL NORTE

VISITA

HÚSAVÍK ★★★

Con una población de unos 2250 habitantes, Húsavík, la «bahía de las casas», es un pequeño y encantador puerto lleno de barcos pesqueros con coloridos cascos. El pueblo cuenta con una bonita iglesia de principios de siglo, una de las más bellas de Islandia. Un camino conduce a la cima de la montaña que domina la ciudad. Desde allí se divisa la bahía de Skjálfandi y sus montañas nevadas, que parecen sumergirse en el océano. En el propio puerto, los observadores de aves podrán avistar fácilmente numerosos láridos y eíderes. Húsavík es también uno de los mejores lugares para ver el sol de medianoche, y un popular punto de partida para el avistamiento de ballenas en Islandia.

Puerto ártico de Húsavík.

■ MUSEO DE LA BALLENA (HÚSAVÍK WHALE MUSEUM) ⭐⭐

Hafnarstétt, 1
✆ +354 414 2800
www.whalemuseum.is

Se trata de un museo muy instructivo sobre el mundo de las ballenas, ubicado en una de las ciudades más famosas para su avistamiento. Su propósito es difundir información sobre estos mamíferos, la ecología marina y la interacción entre ballenas y humanos a lo largo de la historia. Es uno de los pocos museos del mundo dedicado exclusivamente a las ballenas. ¡Aquí vas a aprender muchas cosas! Los visitantes también pueden apreciar el tamaño de las distintas ballenas gracias a los once esqueletos expuestos.

GOÐAFOSS ⭐⭐

Entre Mývatn y Akureyri, por la carretera 1, llegarás rápidamente a un valle verde y resguardado en el que hallarás algunas granjas grandes. La ruta asciende por un altiplano antes de descender a Goðafoss, una de las cascadas más conocidas, situada en una depresión y formada por tres cascadas de agua dispuestas en un arco. En el año 1000, cuando Islandia se convirtió al cristianismo, Þorgeir Goði, un importante líder del clan de Ljósvatn y que entonces presidía el Parlamento en Þingvellir, tomó una decisión de gran relevancia histórica: cuando regresó a casa en otoño, arrojó las efigies de los antiguos dioses paganos por la cascada. Desde entonces, se conoce como la «cascada de los dioses».

AKUREYRI ⭐⭐

Akureyri es la mayor ciudad de Islandia (18 000 habitantes) si no contamos la conurbación de Reikiavik. Está situada al fondo del Eyjafjörður, el «fiordo de las islas». Akureyri pretende darse aires de «gran ciudad», y el ambiente de los sábados por la noche recuerda un poco al de Reikiavik, y aunque es distinto, es igual de acogedor. En verano, la región disfruta de un clima relativamente seco y cálido. En invierno, la ciudad acoge a un gran número de esquiadores, lo que la convierte en la estación de deportes de invierno más concurrida de Islandia. Conocida a menudo como «la capital del Norte», es de visita obligada.

▶ **Fauna y flora.** A pesar de su ubicación cerca del Círculo Polar Ártico, la ciudad y sus alrededores está bastante arbolada, sobre todo si tenemos en cuenta que se halla en un país prácticamente sin bosques. En primavera, la localidad se ve invadida por el perfume de los numerosos serbales de los cazadores en flor.

Las tierras interiores adyacentes a Akureyri son muy fértiles e ideales para la agricultura, y la zona es conocida además por su producción de lácteos (no dejes de probar el queso azul de Akureyri). La localidad cuenta con otros atractivos que contribuyen al desarrollo de su economía (ganadería ovina, minas de diatomita y pesca) y la convierten en la capital de una región próspera y muy desarrollada, una de las pocas que no ha experimentado un éxodo masivo hacia Reikiavik.

▶ **Historia.** El nombre de Akureyri significa «punta de los campos de cebada», lo que indica que estas tierras fueron cultivadas desde un principio. En el siglo XVI se produjo un florecimiento del comercio local, justo antes de que se impusiera el monopolio danés en 1602. Ya en 1562, documentos históricos mencionan un puesto comercial de

AKUREYRI

FIORDO DE EYJA

1 - Iglesia luterana de Akureyri (Akureyrarkirkja)
2 - Jardín Botánico (LystigarÐurinn)
3 - Casa de Nonni (Nonnahús)
4 - Museo de la Aviación (Flugsafn Íslands)
5 - Museo Industrial (IÐnaÐarsafniÐ)
6 - Museo Etnográfico (MinjasfaniÐ Á Akureyri)

exportación. Sin embargo, no fue hasta 1760 cuando los comerciantes se establecieron de forma permanente en la ciudad. Hasta entonces, la población vivía en granjas en los alrededores. El comercio estuvo durante mucho tiempo en manos danesas. Dado que estos permanecieron largo tiempo en Akureyri, la influencia danesa en la vida local se puede ver con facilidad. Su arquitectura es un ejemplo de ello. Al principio, las casas se agrupaban en el casco antiguo, en Búdargil, pero a mediados del siglo XIX se empezaron a construir varios edificios en la península de Oddeyri, siguiendo la estela del establecimiento de la compañía comercial Grána. Más tarde, la ciudad crecería alrededor de Oddeyri.

■ IGLESIA LUTERANA DE AKUREYRI (AKUREYRARKIRKJA)

Eyrarlandsvegur
www.akirkja.is

Símbolo de la ciudad, esta iglesia luterana, obra del arquitecto Gudjón Samúelsson, se alza majestuosa en la pequeña colina que ocupa el centro de la ciudad. Se terminó de construir en 1940. En el interior, su estilo sobrio contrasta con la belleza de las vidrieras de colores. Cuando salgas, disfruta de la vista de la ciudad (desde lo alto de la escalera). Después, no dudes en visitar el jardín botánico que hay cerca (gratuito), realmente bello.

■ JARDÍN BOTÁNICO (LYSTIGARÐURINN)

Eyrarlandsvegur
✆ +354 462 7487
www.lystigardur.akureyri.is

Este parque público fue creado en 1912, y en 1957 le añadieron una sección botánica. Se extiende a dos pasos del camping y reúne todas las especies vegetales de Islandia. El clima suave del noreste permite también la supervivencia de ciertas especies muy raras en el resto de la isla. Es un lugar agradable para pasear, apto para los niños y muy bien cuidado. Cuenta con una cafetería y aseos para hacer una pausa entre dos visitas.

■ KELI SEA TOURS

Akureyri, 600
✆ +354 546 7000
https://keliseatours.is

Si buscas un crucero para ver ballenas y quieres evitar los barcos abarrotados, la empresa familiar Keli Sea Tours te encantará. Usan un barco pesquero de cincuenta plazas, en el que te embarcarás para avistar las ballenas y delfines que habitan en la bahía. La tripulación es adorable, y al patrón, Egill, le encanta complacer a sus visitantes: no duda si tiene que alargar la excursión cuando las ballenas se muestran reacias. Para entrar en calor, ofrecen trajes de neopreno, chocolate caliente y galletas.

Iglesia luterana de Akureyri.

© GESTUR GISLASON - SHUTTERSTOCK.COM

Museo de la Aviación.

■ CASA DE NONNI (NONNAHÚS)
Aðalstræti, 54
✆ +354 462 4162
Nonnahús, construida en 1850, es una de las casas más antiguas de Akureyri. Es el lugar de nacimiento del pastor jesuita Jón Sveinsson (1857-1944), autor de libros infantiles bajo el seudónimo de Nonni. Aquí podrás ver una colección de objetos personales y sus ediciones en varios idiomas. Jón Sveinsson solo tenía doce años cuando murió su padre, pero un noble francés le pagó los estudios en Francia. No comenzó a escribir hasta los 55 años.

■ MUSEO DE LA AVIACIÓN (FLUGSAFN ÍSLANDS)
Aeropuerto. Flugvöllum
✆ +354 461 44 00
www.flugsafn.is
Inaugurado en el año 2000, el museo está situado en un gran hangar del aeropuerto y tiene como objetivo preservar y presentar la historia de la aviación islandesa, que no comenzó hasta 1919.

Las fotos, las maquetas y los aviones representan los aspectos más interesantes de esta historia, plagada de anécdotas. Algunos de los aparatos todavía están en funcionamiento. Ideal para las familias, y además se puede subir a bordo de las aeronaves para hacerse fotos.

■ MUSEO DE LA INDUSTRIA (IÐNAÐARSAFNIÐ)
Krókeyri, 2
✆ +354 462 36 00
www.idnadarsafnid.is
Este museo recorre la historia industrial de Islandia. Se presentan todo tipo de sectores de la industria, así como las grandes empresas locales y extranjeras que operaron (y siguen operando) en el territorio. Verás muchas máquinas de época: ordenadores, teléfonos… Experimentarás un verdadero salto en el tiempo, ¡con bellos (re)descubrimientos! Muy acogedor, el personal te contará muchas anécdotas y responderá a todas tus preguntas.

EYJAFJÖRÐUR

Con una extensión de unos sesenta kilómetros tierra adentro, Eyjafjördur es uno de los fiordos más largos de Islandia. En sus riberas se encuentran numerosos pueblos y puertos, como la ciudad de Akureyri. Dominado por colinas y montañas a ambos lados, es un lugar mágico para visitar en un viaje por carretera. Se trata de la segunda región más poblada de Islandia después de la capital.

GRENIVÍK ⭐

Situada en el norte de Islandia, Grenivík es una aldea de pescadores de unos 265 habitantes. Para llegar al lugar, hay que conducir hasta el final de una carretera sin salida en la orilla norte del fiordo de Eyjafjörður. Este apacible pueblo ha escapado al turismo de masas y puede ser una placentera parada y un agradable punto de partida para practicar senderismo en los alrededores. Entre mediados de abril y mediados de mayo, las flores de lupinos o altramuces alfombran los flancos de algunos senderos, añadiendo un toque de color violeta al paisaje salvaje y estimulante. Unos kilómetros antes de Grenivík se localiza la antigua granja de turba de Laufás, un interesante testimonio del pasado.

■ MUSEO AL AIRE LIBRE LAUFÁS ⭐
☎ +354 463 3194
www.minjasafnid.is
En este museo etnológico podrás admirar una antigua granja de turba restaurada, junto a una bonita y pequeña iglesia. La antigua granja del presbiterio, ahora bajo el paraguas de los museos nacionales, es uno de los mejores ejemplos del estilo tradicional de construcción en Islandia. En esta próspera granja, situada en un terreno fértil, solían vivir entre 20 y 30 personas. En 1936, el último pastor dejó Laufás y la granja está deshabitada desde entonces.

Grenivík.

DALVÍK

Un pequeño pueblo pesquero (2000 habitantes) que muchos visitan como una parada en una excursión a las islas de Hrísey y Grímsey. Desde Dalvík, los conductores pueden continuar por la carretera de la costa que pasa por Ólafsfjörður, Siglufjörður, Hofsós y Sauðárkrókur (la carretera suele estar cerrada en invierno) para unirse a la carretera 1 en Varmahlíð. Si te apetece visitar un típico pueblo costero islandés, Dalvík es especialmente recomendable, aunque tengas que desviarte un poco de la carretera 1.

■ MUSEO AL AIRE LIBRE HVOLL

Karlsauðatorg

✆ +354 466 1497

Este museo presenta varios objetos que pertenecieron a Jóhann Kristinn Pétursson (1913-1984), el hombre más alto del mundo con sus 2,34 metros de altura. Además de algunas personalidades locales, el museo ofrece una retrospectiva sobre la vida y los oficios de la región a través de varios objetos, obras de arte de artistas locales y una sección dedicada a la historia natural, con varias aves, mamíferos y plantas locales, incluido un oso polar. Una parte de la exposición también aborda el terremoto que tuvo lugar en Dalvík en 1934.

■ SVARFAÐARDALUR

Para los excursionistas, desde Dalvík, la carretera 805 (sin salida) se adentra en el valle de Svarfaðardalur, una reserva natural y un verdadero paraíso para los observadores de aves, y más allá se extiende la naturaleza salvaje de la península de Tröllaskagi. Los trolls eran gigantes crueles que vivían entre estos picos escarpados, grietas rocosas y arroyos caudalosos. Situado entre dos grandes fiordos, Eyjafjörður y Skagafjörður, el macizo de Tröllaskagi, la «península de los trolls», con sus glaciares y precipicios, se eleva a más de 1500 metros de altitud.

ISLA DE HRÍSEY

Hrísey (150 habitantes) es una pequeña isla verde y plana situada en el fiordo de Eyjafjörður, totalmente cubierta de hierba. Con solo entre 1 y 2 kilómetros de ancho, la isla se extiende a lo largo de 7 kilómetros a medida que se va estrechando hacia el norte. Es un lugar estupendo para contemplar el sol de medianoche, que roza el horizonte oceánico antes de volver a levantarse para iluminar un nuevo día. También es un lugar interesante para los observadores de aves, ya que las numerosas especies que anidan en la zona no tienen depredadores. En la actualidad, lo que encontrarás es un pequeño pueblo con calles empedradas, bonitos jardines y

VISITA

© GESTUR GISLASON – SHUTTERSTOCK.COM

Isla de Hrísey.

magníficas vistas de las montañas a ambos lados del fiordo.

■ CASA DEL TIBURÓN JÖRUNDUR ⭐

✆ +354 695 0077
www.hrisey.is

Es la casa más antigua de la isla. Fue construida en 1885-1886 por Jörundur Jónsson, utilizando madera de barcos noruegos que habían encallado en la isla. Originalmente estaba situada más arriba, pero fue trasladada a su ubicación actual en 1917. En su emplazamiento original se alza ahora una estatua conmemorativa. En su interior, el pequeño museo recorre la historia de la pesca del tiburón en Islandia mediante objetos y documentos. También sirve de centro de información.

ISLA DE GRÍMSEY ⭐⭐

Grímsey es una pequeña isla rocosa de 6 por 2 kilómetros, donde viven poco más de cien habitantes. La isla está atravesada por el Círculo Polar Ártico, lo que la convierte en el punto más septentrional de Islandia, un lugar en el extremo del mundo. Según una antigua leyenda, antes de que los humanos se asentaran aquí, la isla estaba habitada por trolls, pero un día, un hombre llamado Grímur los mató a casi todos. Sin embargo, al ser el único humano de la isla, Grímur tuvo que casarse con una mujer trol. Se supone que los habitantes de Grímsey son sus descendientes. Lo que sí queda claro es que se hace falta mucha fuerza y valor para vivir en una isla ártica en el fin del mundo, completamente aislada de todo. Hoy, muchos turistas e islandeses vienen a cruzar el Círculo Polar Ártico, que obviamente es invisible, pero que está señalizado mediante un panel al final del aeródromo. Es también el hogar de muchas aves: frailecillos, araos de Brünnich y gaviotas tridáctilas.

ISLA DE FLATEY ⭐⭐

El «fiordo ancho», Breiðafjörður, alberga entre 2000 y 3000 islas e islotes que son refugio de aves marinas y focas grises. Flatey, una isla plana de apenas 0,5 km²,

© THIERRY LAUZON – ICONOTEC

Gaviotas en la isla de Flatey.

Ólafsfjörður.

VISITA

es la única habitada todo el año (solo cinco habitantes). Es un lugar maravilloso para alejarse de todo y recargar las pilas en plena naturaleza. El pequeño pueblo de pescadores, con sus coloridas casas de madera, está animado en verano, pero muy tranquilo fuera de temporada… Aquí no encontrarás tiendas. La isla ha sido escenario de varias películas y series, entre ellas *El enigma Flatey,* una miniserie emitida en España en 2018. Del 15 de mayo al 15 de julio, está prohibido el paso por el extremo oriental de la isla debido a la nidificación del eider. «Flatey» significa en realidad «isla plana».

■ RESERVA NATURAL ★★

La isla de Flatey es un paraíso para los observadores de aves, ya que es una importante zona de nidificación en Islandia. Las aves viven y se reproducen aquí en gran número. Hay que dedicar tiempo para explorar la isla y sus espacios naturales, con lugares como los acantilados de Lundaberg. De todas formas, se debe tener en cuenta que entre el 15 de mayo al 15 de julio,

el paso por el extremo oriental de la isla está prohibido porque es una zona de nidificación del eider. A eso hay que añadir que los charranes pueden ser muy agresivos cuando te acercas a su zona de reproducción.

ÓLAFSFJÖRÐUR ★★

Ólafsfjörður es un pequeño puerto pesquero de 880 habitantes, enmarcado por imponentes montañas y famoso por sus arenques. No es de extrañar que el pueblo permaneciera aislado hasta 1990, sobre todo en invierno, cuando fue conectado con Eyjafjörður por medio de un túnel de 3,4 km. Hoy, otros dos túneles permiten llegar a Siglufjörður en veinte minutos. Ahora se accede fácilmente al Círculo Polar Ártico, un magnífico paraje natural.

A poca distancia de Ólafsfjörður se encuentra Hvanndalabjarg, los acantilados más imponentes de Europa, que se elevan 600 metros sobre el mar. Merece la pena desviarse un poco y visitar este impresionante lugar.

NOROESTE

El noroeste de la isla es una región bella y salvaje, esencialmente rural, donde pequeñas llanuras fértiles alfombran las estribaciones de las imponentes montañas que preceden a los altiplanos deshabitados del interior. Su escasa población se concentra en las ciudades de Siglufjörður, Hofsós, Sauðárkrókur, Varmahlíð, Skagaströnd, Blönduós, Hvammstangi y Laugarbakki (justo antes de Hrútafjörður y el cruce de la carretera a los fabulosos fiordos del oeste). Aunque la carretera 1 atraviesa parte de la región, los parajes naturales más interesantes suelen encontrarse en lugares a los que solo llegan pequeñas carreteras junto al mar, donde deberás tomarte tu tiempo para lanzarte a la aventura. No dudes nunca en tomar cualquier desvío, uno tras otro, en decir «vamos a probar, ¿por qué no?» para descubrir verdaderas joyas apartadas del camino. Este es el escenario de muchas sagas, como la Saga Vatnsdæla y la Saga de Grettir.

PEQUEÑAS PENÍNSULAS DEL NOROESTE

SIGLUFJÖRÐUR ★★

Siglufjörður es una pequeña localidad de 1200 habitantes, una de las más septentrionales de Islandia, en el extremo norte de Tröllaskagi. Sus habitantes siempre han dependido del mar y de la pesca, ya que la zona era famosa por sus arenques hasta que este pescado desapareció de las aguas islandesas. En 2006, los habitantes de Siglufjörður y Ólafsfjörður votaron a favor de crear un municipio conjunto llamado Fjallabyggð (2300 habitantes). La construcción del túnel que une ambas localidades, sumada a la renovación del puerto deportivo, está dando un nuevo aliento a esta pequeña ciudad del norte de Islandia, popular entre islandeses y extranjeros.

Barco en Siglufjörður.

■ CENTRO DE MÚSICA POPULAR

Norðurgata, 1
✆ +354 467 2300
www.folkmusik.is

Ubicado en la casa del reverendo Bjarni Þorsteinsson, que vivió aquí entre 1888 y 1898, este centro pretende dar a conocer a los visitantes la música folclórica islandesa. Ofrece vídeos de islandeses cantando poemas épicos, canciones a cinco voces y canciones infantiles, o tocando instrumentos tradicionales. Incluso podrás intentar tocar el violín islandés. El museo organiza conciertos, así que consulta el programa en su página web.

■ MUSEO DE LA ERA DEL ARENQUE (SÍLDARMINJASAFNIÐ)

Snorragata, 10
✆ +354 467 1604
www.sild.is

Sin duda se trata de uno de los museos más instructivos de Islandia. Podrás visitar varios edificios para conocer la época dorada de la pesca del arenque en Islandia mediante diversos objetos y unidades de conservación (congelación, salazón, etc.) y envasado del arenque. También podrás conocer diferentes barcos pesqueros y subir a bordo o, con un poco de suerte, ¡probar arenque fresco! Ten en cuenta que la visita lleva su tiempo, así que no vengas a última hora.

HOFSÓS

Este diminuto y pintoresco pueblo de 190 habitantes está situado en la orilla oriental del Skagafjörður y es uno de los pueblos pesqueros más antiguos de la isla. Es un lugar ideal para hacer una parada antes de llegar a Akureyri, para visitar el interesante Museo de la Emigración y, sobre todo, ¡darse un chapuzón en su espléndida piscina! A pesar de su éxito como destino turístico, Akureyri sigue conservando su ambiente tranquilo y relajante.

■ CENTRO DE EMIGRACIÓN ISLANDESA

✆ +354 453 7935
www.hofsos.is

Este hermoso museo se reparte entre tres edificios situados en el puerto. A finales del siglo XIX, más de 16 000 islandeses (una quinta parte de la población) emigraron al Nuevo Mundo. La erupción del Askja, en 1875, que volvió tóxico el aire y empobreció el suelo, los empujó al exilio. También merece la pena ver, en el antiguo almacén de Hofsós, construido en 1777 con madera importada de Dinamarca, una exposición sobre los cazadores y pescadores de la isla de Drangey.

HÓLAR

Hólar es uno de los lugares históricos más relevantes de Islandia. Fue un obispado, primero católico y luego luterano, desde 1106 hasta 1801. En la actualidad, el pequeño pueblo tiene más de un centenar de habitantes, pero pese a este escaso número, cuenta con una universidad especializada en acuicultura y en el sitio se llevan a cabo investigaciones arqueológicas. Es un buen lugar para alojarse, comer y nadar. También hay algunas cabañas con tejados de turba y una de las pocas iglesias de piedra del país.

■ CATEDRAL DE HÓLAR

Es el monumento más interesante y reconocible del pueblo. Es imposible pasar por alto la catedral, que se divisa

VISITA

NOROESTE

511 m

HORNSTRANDIR

Hornbjarg

Jökulfirðir

577 m

Snæfjall
793 m

825 m
925 m
Drangajökull

Hrolleifsborg
851 m

402 m

Bolungarvík

Hnífsdalur

Suðureyri

Ísafjörður

698 m

625 m

Flateyri

Súðavík

Isla de
Vigur

Rauðanúpsvatn

Djúpavík

Verfell
676 m

ÍSAFJARÐARDJÚP

647 m

60

61

Reykjanes

266 m

Ingeyri

957 m

VESTFIRÐIR

998 m

Dynjandi
(cataratas)

920 m

Gláma

61

Arnarfjörður

509 m

60

601 m

Hólmavík

Bíldudalur

674 m

Reserva
Natural

881 m

Tálknafjörður

Patreksfjörður
Vatnsdalur

420 m

Flókalundur

60

Acantilado
de
Látrabjarg

458 m

62

Brjánslækur

608 m

468 m

559 m

Króks-
Fjarðarnes

663 m

Rauðasandur

Skáleyjar

Reykhólar

Hvolsfjá

Flatey

Svefneyjar

Hafratindur
923 m

60

BREIÐAFJÖRÐUR

Efri-Langey

496 m

Fremri-Langey

Ellidaey

Stykkishólmur

Brokey

Búðardalur

57

Hvammsfjörður

Skógarströnd

6

Ólafsvík

Grundarfjörður

54

VESTURLAND

986 m

Snæfellsnes

Hítarvatn

Snæfellsjökull
1446 m

Búðir

54

Arnarstapi

Búðahraun

Langavatn

54

Varmaland

Mýrar

Véla

1

Hjörsey

Borgarnes

Hvanneyr

1041 m

1

FAXAFLÓI

0   30 km

AKRANES

1

Hofsvík

909

desde cualquier parte. De hecho, Hólar fue sede del obispado desde 1106 hasta 1801 y, por tanto, un importante centro económico, universitario (la universidad cerró en 1882) y administrativo. Esto explica la presencia de esta gran y hermosa catedral en una localidad tan pequeña. La primera iglesia se construyó en este emplazamiento en 1050. El edificio actual, de piedra arenisca roja, se erigió entre 1750 y 1763.

GLAUMBÆR

El lugar alberga una granja tradicional y una iglesia de principios del siglo pasado. Es uno de los últimos ejemplos de arquitectura tradicional de madera y turba que se conservan en tan buen estado, sobre todo a esta escala. Según las sagas, Snorri Þorfinnsson mandó construir la primera iglesia en la granja de Glaumbær para complacer a su madre, la legendaria exploradora Guðríður Þorbjarnardóttir. Nacida en Islandia, Guðríður había viajado a Groenlandia con su familia. Tras regresar a Islandia, se estableció aquí

hacia 1020. Se convirtió al cristianismo y fue una devota católica que fundó el primer convento para mujeres de la isla.

◼ ECOMUSEO Y GRANJA DE GLAUMBÆR

✆ +354 453 6173
www.glaumbaer.is
A 7 km al norte de Varmahlíð, en la carretera 75.
Un pintoresco ecomuseo que se puede visitar rápidamente acompañado con un folleto. En este conjunto compuesto por una antigua granja de turba y una iglesia, ubicadas en un lugar habitado desde los inicios de la colonización, se presenta el hábitat tradicional islandés. La parte más antigua de la actual granja de turba (habitada hasta 1947) data del siglo XVIII. El café Áskaffi se encuentra en una casa de madera más reciente que data de 1886, que antes se encontraba en Ási el Hegranesi y fue reconstruida aquí. Gilsstofa es otra casa de madera, trasladada y montada de nuevo en 1997 para albergar este museo de Glaumbær.

La pintoresca granja de Glaumbær.

VARMAHLÍÐ

La carretera 1 recorre intermitentemente la costa norte, pero la mayoría de las veces discurre por tierras del interior. Varmahlíð, la «vertiente caliente», debe su nombre a sus fuentes termales, pero también al hecho de que la vertiente sobre la que se asienta este pequeño pueblo está orientada al sur y, por tanto, hacia el sol y el calor. El entorno es especialmente bello: montañas oscuras, frondosos campos verdes por los que discurren varios ríos… Con 140 habitantes, la localidad cuenta con poco más de una docena de casas, un hotel, una gasolinera y un cajero automático. Hay un camping en el pueblo, y la oficina de turismo está junto a la parada de autobús de Varmahlíð.

SAUÐÁRKRÓKUR

A pesar de ser la segunda ciudad más grande del norte de Islandia, Sauðárkrókur (2645 habitantes) no es demasiado visitada por los turistas. Sin duda debido a su ubicación alejada de la carretera 1. La localidad es un centro de pesca de gambas situado al final del fiordo Skagafjörður, al abrigo del icónico monte Tindastóll, al que se le atribuyen poderes mágicos. Si estás planeando un viaje a la región, la ciudad ofrece todos los servicios necesarios. El teatro es bastante popular aquí, y el arte callejero tiene su propio festival (Saeluvika) todos los años a finales de abril.

BLÖNDUÓS

Este municipio, de unos 850 habitantes, se encuentra en la desembocadura del río Blanda, al fondo de la bahía de Húnaflói. El pueblo es bastante reciente, ya que fue fundado por comerciantes en la década de 1870. Pero ya antes se construyeron las primeras casas en la orilla sur del Blanda, como atestigua Hillebrandshús, de 1733, la casa de madera más antigua de Islandia. Blönduós también cuenta con una impresionante iglesia moderna hecha de hormigón en bruto. Tiene vistas al río, donde se encuentra la pequeña isla de Hrútey, una zona protegida famosa por ser un paraíso para las aves migratorias y un lugar de reforestación.

■ **MUSEO TEXTIL
(HEIMILISIÐNAÐARSAFNIÐ)**
Árbraut, 29
✆ +354 452 4067
www.textile.is
Como su nombre indica, este gran y moderno edificio alberga colecciones dedicadas al textil. Aquí tendrás la ocasión de conocer cómo se ha confeccionado la ropa en Islandia a lo largo de los siglos, con una atención especial a los bordados y el trabajo de la lana. Incluso se pueden tocar algunas prendas con los guantes que te proporcionan. Y para relajarte, podrás tomarte un descanso con una bebida caliente mientras contemplas el mar. Un verdadero remanso de paz para aprender y alejarse de todo.

HVAMMSTANGI

La localidad está situada en la orilla oriental del fiordo Miðfjörður. La economía local se basa en la pesca de gambas y mariscos. La región cuenta con una gran población de focas, lo que explica la apertura del Centro Islandés de la Foca.

■ CENTRO ISLANDÉS DE LA FOCA ⭐

Brekkugata, 2
℡ +354 451 2345
www.selasetur.is

Si eres un gran fan de estos adorables animales, este centro dedicado a las focas te encantará. Después de una visita, lo sabrás todo sobre estos simpáticos animales, cuya población en estas costas es muy numerosa. Hay folletos disponibles para ayudarte a entenderlo todo. El centro también sirve de punto de información turística. Aunque el museo es pequeño, es muy interesante y el precio de la entrada ayuda a financiarlo.

VATNSNES ⭐

Desde la península de Vatnsnes, en un día despejado, se puede ver la escarpada costa de los fiordos del oeste: solo con eso ya bastaría para querer explorar esta región. La pequeña carretera 711, en buen estado, sigue la costa peninsular. Esta es la tierra de la *Saga Vatnsdæla*. Aquí tuvo lugar la última ejecución capital de Islandia. Y si te interesa observar la vida marina, la península es famosa por albergar la mayor colonia de focas de la isla. Podrás observarlas sobre todo en Illugastaðir. Y también podrás admirar el fotogénico farallón de Hvítserkur.

■ BORGARVIRKI ⭐

Situado en la carretera 717, a 9 km de la carretera 1, al este del lago de Vesturhópsvatn.

Borgarvirki, la «fortaleza», es una formación de estratos de basalto en la península de Vatnsnes. Esta fortaleza natural emerge de la cordillera que separa el lago Vesturhópsvatn del valle de Víðidalur. En la cima, donde hay un manantial, se pueden ver los restos de viviendas. No se conoce realmente su historia, pero se cree que Borgarvirki se utilizó como defensa del valle en los siglos X y XI, como se menciona en una leyenda, y como redil para el ganado. Desde este lugar disfrutarás de una hermosa vista panorámica.

■ HVÍTSERKUR ⭐

Si vas a Vatnsnes, debes visitar Hvítserkur, un farallón erosionado y aislado en el mar. Con 15 metros de

Península de Vatnsnes.

altura y una base cortada por las olas, Hvítserkur se alza entre las olas como un monstruo prehistórico petrificado sobre tres patas. La leyenda cuenta que Hvítserkur era originalmente un troll de tres patas que iba a destruir el monasterio de Þingeyrar tirándole grandes rocas. Pero el troll fue sorprendido por el amanecer, y la luz lo convirtió en piedra. Una señal indica el camino de bajada, y se tarda entre 5 y 10 minutos en llegar.

◼ ILLUGASTAÐIR ⭐

Uno de los mejores lugares para observar focas es este sendero frente al mar. Lo mejor es traer prismáticos y venir con la marea baja para maximizar las posibilidades de avistarlas, ya que las rocas en las que les gusta tomar el sol están un poco lejos. El lugar está cerrado entre abril y junio, porque es cuando anidan los eíderes. Aquí tuvo lugar la última ejecución pública de Islandia en 1830, como castigo por el asesinato del médium-curandero Natan Ketilsson. Además, encontrarás una pequeña cafetería y un camping.

◼ VATNSDALSHÓLAR ⭐

Se trata de un fenómeno que no se ve a menudo en la isla: ¡colinas por docenas! En este valle, justo al lado de la carretera 1, podrás admirar un grupo de colinas de aspecto peculiar que se extienden por el valle de Vatnsdalur. Probablemente se formaron por un gigantesco corrimiento de tierras en los flancos del monte Víðidalsfjall. Los tres montículos al norte de la carretera, conocidos como Þrístapar, constituyen el emplazamiento donde tuvieron lugar las últimas ejecuciones de Islandia. Merece la pena visitar el sitio. Un monumento conmemorativo indica su localización.

◼ ÞRÍSTAPAR

Situado a 15 minutos al sur de Blönduós.
Þrístapar fue el lugar donde tuvieron lugar las últimas ejecuciones públicas del país, el 12 de enero de 1830. Ese día, Agnes Magnúsdóttir y Friðrik Sigurðsson fueron decapitados por asesinar a Natan Ketilsson y Pétur Jónsson. Friðrik fue considerado claramente el principal instigador del acto delictivo, pero el papel exacto de Agnes sigue sin estar claro: ¿cómplice activo o víctima de un juicio injusto? Esta ambigüedad sigue alimentando debates e historias. En el lugar, cuyo nombre significa «tres colinas», encontrarás una estela y varios paneles, una parada cargada de historia y memoria, con una atmósfera especial.

FIORDOS DEL OESTE

Los fiordos del Oeste forman una gran península muy accidentada en las inmediaciones de la «gigantesca nevera» que es Groenlandia. Completamente aislada del resto de Islandia, la «mano», como es conocida, se adentra en el océano Ártico para atrapar los témpanos de hielo procedentes de Groenlandia. Incluso ha habido casos en que estos icebergs —a la deriva en los fiordos del Oeste— han traído osos polares. La península está unida al resto de Islandia por una delgada franja de tierra de menos de 20 km de ancho. Geológicamente, los fiordos del Oeste son la parte más antigua de la isla, donde ha desaparecido toda actividad volcánica. La costa es una larga sucesión de fiordos profundos, separados por cabos montañosos. Algunas aldeas pesqueras aisladas salpican el litoral. La abrupta pendiente de las laderas, unido a la dureza del clima, explica la escasez de vegetación en esta costa inhóspita, pero la majestuosidad de sus paisajes la hacen única.

La escasa población de la región se limita principalmente a aldeas de pescadores. Unos pocos puertos pequeños sobreviven gracias a la proximidad de aguas rebosantes de peces. Los fiordos son tan profundos que el débil sol del invierno no llega hasta el fondo durante varios meses. En estos fiordos, el invierno muestra toda su crudeza. Las carreteras y las pistas de aviación están heladas y son barridas por vientos violentos. La banquisa, proveniente de Groenlandia, aprisiona el océano. En suma, la región puede parecer aterradora, con su inmensidad desprovista de cualquier rastro de presencia humana. Sin embargo, precisamente el aislamiento de ciertos lugares y su magnífica belleza natural atraen a muchos amantes de la naturaleza.

HÓLMAVÍK

Este pequeño pueblo pesquero de apenas 400 habitantes es un buen lugar para hacer una parada si vas a la costa de Steingrímsfjörður. Las vistas panorámicas de los alrededores y del fiordo ofrecen una primera toma de contacto con los paisajes que conforman los fiordos del Oeste. Vale la pena acercarse al Museo de Brujería y Hechicería, con sus numerosos objetos antiguos y otros reconstruidos. De hecho, el 80 % de los casos de brujería registrados en Islandia tuvieron lugar en la región de los fiordos

del Oeste. Aquí aprenderás, por ejemplo, que la mayoría de las brujas de Islandia eran en realidad… ¡brujos! También es un buen lugar para repostar, comer o pernoctar.

■ **MUSEO DE BRUJERÍA Y HECHICERÍA**
Höfðagata, 8
✆ +354 897 6525
www.galdrasyning.is
Por si no lo sabías, la mayoría de las brujas de Islandia fueron en realidad… ¡brujos! A lo largo de dos plantas, este pequeño museo relata acontecimientos clave en los casos contra la brujería en Islandia. Los fiordos del Oeste son la región donde la brujería estuvo más activa, pero también más reprimida, donde muchas personas fueron consideradas brujas y castigadas en consecuencia. Gracias a la información del museo, descubrirás muchas anécdotas originales.

Réplica de la casa de Eric el Rojo, en Eiríksstaðir.

© STÉPHAN SZEREMETA

DRANGSNES ⭐

En este pequeño pueblo de poco más de 60 habitantes, la pesca es el principal sustento de la población. No te pierdas la formación basáltica conocida como Kerling, que según la leyenda es un troll (hembra) petrificado que intentó separar la región de los fiordos del resto de la isla.

DJÚPAVÍK ⭐

En Djúpavík, la «bahía profunda», fue donde Halldór Laxness ambientó una de sus novelas. Se trata de un antiguo centro de pesca de arenques en gran parte abandonado, ubicado en el fiordo Reykjarfjörður. Gjögur es otro conocido centro pesquero, situado en la entrada del fiordo Reykjarfjörður, antaño famoso por sus heroicos pescadores, que cazaban tiburones de Groenlandia desde pequeñas embarcaciones abiertas.

HORNSTRANDIR ⭐⭐⭐

El cabo de Hornbjarg es una de las reservas naturales más bellas de Islandia. Este escarpado cabo constituye el extremo septentrional de los fiordos del oeste. Aquí las montañas parecen más grandiosas que en otros lugares. Hornstrandir y Jökulfirðir estuvieron habitadas en el pasado, pero a estas dos aldeas solo se puede llegar en barco o a pie. Toda esta región extremadamente salvaje está deshabitada desde la década de 1950. Los vertiginosos acantilados no han sido colonizados por el hombre, sino por miles de aves marinas.

■ CABO DE HORNBJARG ⭐⭐⭐

El cabo de Hornbjarg es el más majestuoso de los promontorios de la península. Completamente deshabitado, Hornbjarg es un mundo aparte. El casquete glaciar de Drangajökull bloquea el acceso por tierra: se extiende en afiladas lenguas de hielo que acentúan la naturaleza salvaje y la belleza de este lugar. Estos parajes constituyen la Reserva Natural de Hornstrandir, uno de los lugares más singulares de Islandia, famoso por albergar un gran número de aves, pero sobre todo por la presencia de varios miles de zorros polares, que cuentan con una próspera población en esta región.

▸ **Hornstrandir es una reserva natural sin carreteras.** Solo se puede llegar en barco en verano desde Bolungarvík, Ísafjördur o Nordurfjördur, o a pie desde Nordurfjördur, aunque es una travesía para gente aguerrida (unos diez días).

▸ **Aquí no hay electricidad, ni internet, ni hotel, ni supermercado...** ¡Estás completamente aislado del mundo! Así que hay que planificar el viaje con cuidado y traer mapa, brújula, GPS y todo lo necesario para hacer frente al mal tiempo.

▸ **Solo se permite acampar en la reserva,** en zonas previstas para ello, como, por ejemplo, Hornbjarg y Hornvík.

▸ Por muy mágico que sea el lugar, **no todo el mundo podrá adaptarse a las condiciones,** que pueden llegar a ser extremas, y a los senderos peligrosos cuando te pierdes. Empresas como West Tours ofrecen excursiones de un día, pero el precio medio actual es de 300 euros (barco incluido). Es caro, pero sin duda constituye una de las mejores opciones para explorar la reserva con total seguridad.

VISITA

ÍSAFJÖRÐUR

El corazón de los fiordos del oeste está desgarrado por el Ísafjarðardjúp, una lengua de mar de 80 kilómetros cuya costa sur está serrada por numerosos pequeños fiordos. El más occidental es el de Skutulsfjörður, dominado por escarpados picos. En este majestuoso entorno se encuentra Ísafjörður, la pequeña capital de la región, ubicada sobre una península arenosa.

Ísafjörður, de 3000 habitantes, es la principal ciudad de los fiordos del oeste, además del centro económico, cultural y administrativo del noroeste peninsular. La localidad depende sobre todo de la pesca, a la que hay que añadir el desarrollo de instalaciones de alta tecnología y, por supuesto, la creciente industria turística.

■ MUSEO DE LOS FIORDOS DEL OESTE (BYGGÐASAFN VESTFJARÐA)

Neðstikaupstaður
℗ +354 456 3291
www.nedsti.is

Es uno de los museos más ricos y pintorescos de Islandia. Se trata de un antiguo taller construido en 1784, donde se exponen numerosos objetos y fotografías que muestran la evolución de la pesca en el país. Así podrás comprender lo fácil que resulta que esta isla esté vinculada a dicha actividad, con todas las ventajas e inconvenientes que ello conlleva. Y también podrás imaginar un poco mejor la dificultad que conlleva la vida y el trabajo en el mar en estas latitudes. Justo al lado encontrarás un punto de información.

■ PUERTO

El puerto de esta ciudad, que tanto debe a la pesca, es un sueño hecho realidad para cualquier persona mínimamente interesada por la marinería. Podrás ver muchos barcos: grandes arrastreros listos para salir y enfrentarse al mar de Groenlandia y sus icebergs, pequeños cascos de nogal, barcazas de pescadores sin pretensiones, y también hay pequeñas joyas de madera mantenidas con cariño por sus propietarios. Las gaviotas están por todas partes. La ciudad parece joven, incluso más que otras localidades del país, y uno se pregunta dónde han ido a parar los viejos…

■ VIGUR

Æðey y Vigur son las únicas islas del fiordo con presencia humana, normalmente habitadas por aves marinas. Vigur es una pequeña isla habitada por una sola familia que vive de forma tradicional y depende totalmente del mar. Esta isla verde es famosa por sus grandes colonias de frailecillos y eíderes, cuyo plumón se recolecta. West Tours ofrece excursiones a Vigur durante el verano (3 horas y 20000 ISK por persona). Puedes informarte en la oficina de turismo de Ísafjörður.

FLATEYRI

Amenazado por las avalanchas primaverales, este pequeño pueblo de 290 habitantes está ahora protegido por una impresionante estructura tras el trágico accidente que tuvo lugar en 1995, en el que murieron veinte personas. Flateyri constituye una agradable parada. Está ubicado en un bello paraje que fue admirado por los balleneros noruegos instalados en el pueblo hasta 1901. Los restos de su base aún son visibles.

Flateyri.

VISITA

ÞINGEYRI

La carretera 60 bordea el fiordo Dyrafjörður antes de llegar a Þingeyri, un pueblo de unos 300 habitantes rodeado por un bello entorno natural. El pueblo fue uno de los primeros puestos comerciales en los fiordos del oeste antes de convertirse en un centro para la caza de ballenas al que acudían muchos pescadores de diversos países europeos.

■ **MUSEO DE JÓN SIGURÐSSON** ⭐
Hrafnseyri
✆ +354 456 8260
www.hrafnseyri.is

Hrafnseyri es poco más que una granja en el fiordo de Arnarfjörður. Su nombre proviene de Hrafn Sveinbjarnarson, el jefe del clan, que vivió en la granja en el siglo XII. También fue el lugar de nacimiento del líder del movimiento independentista, Jón Sigurðsson (17 de junio de 1811). En 1979 se construyeron una iglesia y un museo para celebrar el centenario de su muerte. El museo incluye una colección de fotografías. También es posible parar en el lugar para tomar un aperitivo en la cafetería contigua, donde sirven deliciosos pasteles caseros. Un descanso perfecto.

▬ LA CARRETERA DEL SUR ▬

PATREKSFJÖRÐUR ⭐

Patreksfjörður es la pequeña capital de la región, con unos 620 habitantes. Cuenta con un magnífico puerto natural formado por dos lenguas de arena. El nombre del pueblo hace referencia a su patrón irlandés, san Patricio.

■ **MUSEO EGILL ÓLAFSSON**
Hnjóti
✆ +354 456 1511; www.hnjotur.is
A 35 km al sur de Patreksfjörður, en la carretera 612.

En este museo, uno de los pocos de la zona, podrás ver una colección de objetos reunidos por su propietario, Egill Ólafsson: aparejos de pesca, aperos de labranza y otros muchos objetos diferentes. Se trata de un museo sobre la región y el modo de vida de los agricultores y los pescadores de antaño que te permitirá comprender mejor la historia local. También hay una sección dedicada a los europeos que vinieron a pescar a estas hostiles latitudes. Cuentan con una cafetería donde podrás tomarte un descanso, así como un punto de información turística.

LÁTRABJARG ★★★

Los impresionantes acantilados de Látrabjarg, una auténtica fortaleza natural de piedra de 14 km de largo (y hasta 444 m de altura), son los más grandes de todo el Atlántico Norte. Se extienden hasta el cabo de Bjargtangar, el punto más occidental de Islandia y, por consiguiente, de Europa. Esta pared rocosa es el hogar de innumerables aves marinas. La colonia de fraileci-llos es la mayor del mundo. La vista desde las playas de arena dorada de Rauðasandur, unos kilómetros más al este, es extraordinaria. Está permitido acampar en plena naturaleza.

BREIÐAFJÖRÐUR

El embarcadero de Brjánslækur está en la entrada del fiordo Vatnsfjörður y a 6 km de Flókalundur. Brjánslækur es el nombre de una antigua casa señorial, de la que poco queda ahora aparte de la iglesia, con su aguja elevándose hacia los acanti-lados de Surtarbrandsgil. En Brjánslækur hay una cafetería (Flakkarinn) donde se pueden sacar los billetes para el ferri.

■ RESERVA NATURAL DE VATNSFJÖRÐUR

La reserva, creada en 1975, cuenta con una abundante población de aves y es una importante zona de nidificación. Aquí fue donde Flóki, el «cuervo» (un personaje importante en las sagas islandesas), pasó el invierno del año 865, unos años antes de que el país fuera colonizado por sus compatriotas vikingos. Los restos de la granja de Flóki Vilgerðarson son los vestigios más antiguos de la presencia humana en Islandia.

© STÉPHAN SZEREMETA

El fiordo Breiðafjörður visto desde las carreteras del noroeste.

OESTE

En esta región, el mar y la montaña están muy cerca el uno de la otra. También cuenta con varios glaciares encarados hacia la costa.

Alberga algunos de los mejores ríos salmoneros de la isla, muy célebres entre los pescadores, y un gran número de aves marinas.

LAS TIERRAS DE LAS PRIMERAS SAGAS

Con un rico pasado histórico marcado por la temprana colonización de la isla, estas tierras fueron escenario de numerosos acontecimientos ampliamente relatados en algunas de las sagas más famosas: la *Saga de Egil Skallagrímson,* la *Saga de Laxdœla,* la *Saga Eyrbyggja,* la *Saga de Gísla Súrssonar* y la *Saga de los Hermanos Juramentados.*

Muchos de los parajes naturales mencionados en estas sagas permanecen tal y como fueron descritos hace ochocientos años. Snorri Sturluson, uno de los principales escritores de sagas, nació en la antigua granja de Hvammur, propiedad de uno de los mayores clanes de la historia de Islandia, los Sturlungar, que desempeñaron un importante papel en el siglo XIII durante la guerra civil. De esta región partió también Erik el Rojo a finales del siglo X para descubrir una tierra a la que llamó Groenlandia.

STADARSKÁLI

Staðarskáli era el lugar desde donde partía la línea de autobuses hacia los fiordos del noroeste; ahora el trasbordo se realiza en Borgarnes. Esta era la única razón por la que algunos paraban en el lugar. En 1929 se construyó aquí una estación de servicio para facilitar el viaje entre Reikiavik y Akureyri; como verás, las carreteras son largas y a veces no te cruzas con demasiada gente. Desde entonces, el lugar ha sido un práctico punto de parada para muchos islandeses y extranjeros de paso, para comer y descansar. Aquí, el Hrútafjörður, uno de los fiordos más profundos de Islandia, separa la región de los fiordos del oeste del resto del país.

■ MUSEO REGIONAL DE REYKIR
Sæberg
✆ +354 451 0040
www.reykjasafn.is

Si quieres saberlo todo sobre la pesca del tiburón en Islandia, has venido al lugar indicado. En el Museo Regional de Reykir, situado junto a la carretera 1, entre Hvammstangi y Staðarskáli, podrás ver zapatos de piel de pescado, una excelente colección de cañas y tabaqueras para guardar el tabaco, un antiguo barco de pesca de tiburones de 1875… y, sobre todo, hablar con un apasionado vigilante al que le encanta compartir un café y charlar, y con un poco de suerte incluso te dejará probar el famoso *hákarl,* un plato típico a base de carne de tiburón peregrino. Es pequeño, pero realmente instructivo y está bien montado.

BÚÐARDALUR

Búðardalur es uno de los asentamientos más antiguos de Islandia, como demuestra su mención en la *Saga de Laxdœla,* escrita en 1250, y está a solo quince minutos de Eiríksstaðir, el antiguo hogar de Erik el Rojo, otra de las grandes figuras históricas de Islandia. Hoy te encontrarás con un pueblo de 250 habitantes ubicado no lejos de la desembocadura del río Laxá. Cuenta con un banco, un supermercado, surtidores de gasolina y una oficina de correos, además de un camping donde alojarse en temporada alta. También es un buen lugar para parar antes de aventurarse por los fiordos del noroeste.

■ LAUGAR

Al norte de Búðardalur, el paraje de Laugar es el punto de partida de senderos por los que hacer excursiones de entre 35 minutos y 3 horas de duración. Durante las caminatas, podrás descubrir el barranco de Hvergil, de cuyas paredes resuma y mana agua a 60 °C. Esta agua alimenta una piscina acondicionada para el baño (Gudrúnarslaug), junto a la cual hay un encantador *vestuario* tradicional de piedra, madera tallada y hierba. Además de la piscina natural de agua caliente gratuita, Laugar cuenta con una piscina: la primera piscina cubierta de Islandia (1932).

EIRÍKSSTAÐIR

Cerca de Stóra-Vatnshorn se encuentra un importante yacimiento que merece una visita, ya que fue aquí donde el famoso Eiríkur Rauði (Erik el Rojo)

construyó su granja en el siglo X, y donde nació su hijo Leif Erikson. Este personaje emblemático de la historia de Islandia es conocido por haber sido desterrado tras cometer un asesinato y por haber fundado la primera colonia en Groenlandia. El lugar ha sido objeto de varias excavaciones, que han sacado a la luz numerosos vestigios y restos del edificio original. Una reconstrucción de la casa, basada en los resultados obtenidos durante las excavaciones, se encuentra en el museo del mismo nombre.

BIFRÖST

Bifröst pertenece al municipio de Borgarbyggð, en la parte oriental de la isla, y tiene poco más de doscientos habitantes. Junto a Bifröst («el arco iris») se eleva el Grábrók, un curioso volcán en forma de cono basáltico coronado por un cráter de más de tres mil años de antigüedad. Es fácil de escalar; desde su baja cumbre se divisa toda la región: los lagos de los alrededores, los campos violetas de lupinos o altramuces cuando están en flor y, sorpresa, ¡un bosque! Al este se divisa el casquete glaciar del Langjökull, mientras que al oeste comienzan las formaciones rocosas de Snæfellsnes. A solo un kilómetro al sur se halla la pintoresca cascada de Glanni.

■ GLANNI

Islandia es tierra de cascadas, y Glanni es una de ellas. Situada a un kilómetro al sur de Bifröst, es una pintoresca cascada en el curso del Norðurá, uno de los mejores ríos salmoneros, y está flanqueada por rocas de basalto. Para llegar a esta pequeña maravilla, tendrás que dejar el vehículo en el aparcamiento

del campo de golf y luego caminar hasta la cascada guiándote por los remolinos de agua. Aún poco conocido, este paraje poco frecuentado (pero resbaladizo cuando llueve) esconde muchas sorpresas.

■ GRÁBRÓK ⭐⭐

Grábrók se eleva no lejos de la aldea de Bifröst. Este curioso volcán está coronado por un cráter de tres mil años de antigüedad. Es fácil de subir y el sendero está bien acondicionado. Desde su baja cima se domina el campus de Bifröst, Hreðavatn, Norðurá y el Grábrókarhaun, un campo de lava con miles de años de antigüedad, formado durante una erupción fisural que también formó el cono de Grábrók. Zona protegida desde 1962, el lugar es especialmente encantador cuando hace buen tiempo y los campos de altramuces tapizan el suelo de tonos violeta hasta donde alcanza la vista.

■ PENÍNSULA DE SNÆFELLSNES ■

La península de Snæfellsnes, que puede verse desde Reikiavik en un día despejado, debe gran parte de su fama a un imponente volcán inactivo coronado por un misterioso glaciar prístino, el famoso Snæfellsjökull, también conocido como el «Fujiyama boreal». El Snæfellsjökull es uno de los picos míticos de nuestro planeta. Julio Verne lo utilizó como puerta de entrada a su famoso *Viaje al centro de la Tierra,* mientras que los tibetanos se refieren a él como uno de los centros vitales del mundo. Los campos de lava al pie del glaciar dan fe de su intensa actividad volcánica. La vista desde sus alturas es espectacular. La península está formada por paisajes costeros, poblados por colonias de aves, y una colorida y escarpada espina dorsal montañosa. El litoral, que adopta múltiples formas (playas de arena, acantilados volcánicos, etc.), es espléndido. Los temporales oceánicos, a veces muy dañinos, también han forjado la reputación de este saliente de tierra.

Stykkishólmur.

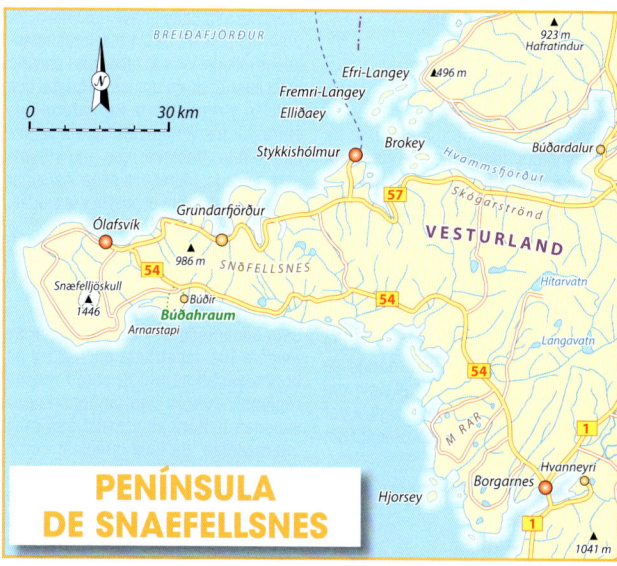

PENÍNSULA DE SNAEFELLSNES

STYKKISHÓLMUR ⭐⭐

Esta pequeña ciudad de unos 1100 habitantes vive principalmente de la pesca (la especialidad local son las vieiras), aunque en los últimos tiempos se ha convertido en un importante centro comercial. Es un lugar agradable para detenerse y comer algo. El centro, desde donde se tiene una vista magnífica de la bahía, está salpicado de bellas casas de madera. En el puerto verás una nutrida flota de arrastreros, protegida de las tormentas por los hermosos acantilados de basalto (Súgandisey). Un pequeño faro amarillo y rojo, que ilumina los alrededores, domina toda la escena. De este puerto parten también los transbordadores y los barcos turísticos.

■ IGLESIA DE STYKKISHÓLMUR ⭐⭐

www.stykkisholmskirkja.is

La iglesia de Stykkishólmur, o Stykkishólmskirkja, no tiene nada que envidiar a las más bellas iglesias del país, como la famosa Hallgrímskirkja. Muy moderna y sorprendente, fue diseñada por el arquitecto Jón Haraldsson. Si pasas por la ciudad, tienes que visitarla. Sus líneas futuristas y atrevidas recuerdan el perfil de un transatlántico (o, según algunos, el esqueleto de una ballena). El interior, con una miríada de bombillas colgando del techo, también merece una mirada. Una buena parada si te gusta el estilo ligeramente futurista.

■ MUSEO DEL TIBURÓN DE BJARNARHÖFN

Bjarnarhöfn
☎ +354 438 1581
www.bjarnarhofn.is

A unos veinte kilómetros al oeste de Stykkishólmur (acceso por la carretera 577), hay un pequeño museo ubicado en una antigua granja. Está dedicado al tiburón de Groenlandia y aquí podrás degustar el famoso *hákarl*, un plato típico a base de carne de tiburón, del que la granja es el mayor productor (ojo, el sabor es un tanto peculiar). El equipo del museo estará encantado de mostrarte cómo se prepara. El lugar, donde se alza la granja y una iglesia del siglo XIX, fue ocupado a principios del siglo X por Björn Ketilsson, un colono procedente de Noruega.

■ LIBRARY OF WATER

Bókhlöðustígur, 19
☎ +354 865 4516

Solo en Islandia verás una «biblioteca acuática». Esta insólita exposición se encuentra en una antigua librería. Se trata de una instalación que ha montado el artista estadounidense Roni Horn. Ha utilizado el hielo de 24 glaciares islandeses milenarios y lo ha dejado derretir en el interior de columnas de cristal que reflejan y refractan la luz natural que entra por los ventanales, que a su vez dan al mar. Destacar que aún cuando está cerrado, merece la pena ir al lugar por las vistas sobre el puerto y la ciudad.

■ CASA NORUEGA

Hafnargata, 5
☎ +354 433 8114
www.norskahusid.is

Esta encantadora «casa noruega» de madera fue construida en 1832 y en la actualidad se utiliza como museo regional. Cuenta con algunas exposiciones históricas y artísticas muy interesantes. Es fácil imaginar cómo era la vida cotidiana de la familia que la habitaba. Todo ha sido hábilmente dispuesto para que parezca que nada ha sido modificado, como si la familia que vivía entre estos muros acabara de irse. No es la mejor visita para los niños, que pueden sentirse frustrados porque los objetos son frágiles. Cuenta con una

© SALAJEAN - SHUTTERSTOCK.COM

Casa noruega.

En la carretera 54, entre Grundarfjordur y Stykkilshólmur.

tienda de artesanía donde podrás realizar compras únicas.

GRUNDARFJÖRÐUR ⭐

En la vertiente septentrional de la península de Snæfellsnes se encuentra Grundarfjörður, un pequeño pueblo pesquero de 910 habitantes, rodeado por las impresionantes Helgrindur, las «crestas del infierno», cuyos picos rondan los 900 metros de altitud. Desde el principio, las casas se agruparon en Grundarkambin, cerca de la granja Grund y del muelle de Kvíabryggja, donde era más fácil atracar. De hecho, Grundarfjörður es uno de los mejores puertos de Snæfellsnes. A principios del siglo XIX, varios inmigrantes franceses se establecieron en la localidad, pero la abandonaron hacia la década de 1860.

■ KIRKJUFELL ⭐⭐

Aparecida en una serie muy conocida que iba sobre juegos y tronos, Kirkjufell es también muy popular entre los fotógrafos aficionados. El entorno es muy verde y la montaña es atípica por su forma cónica. Situada en la vertiente occidental del Grundarfjörður, tendrás que cruzar la carretera para obtener la vista más icónica de Kirkjufell, desde la cascada cercana. Hay muchos paisajes espectaculares que ver en las inmediaciones, y resulta divertido ver cómo la montaña cambia con las estaciones.

ÓLAFSVÍK ⭐

La pequeña «ciudad bajo el glaciar» tiene una larga historia, ya que desde el siglo XVII ha sido un importante centro comercial con la Europa continental y las islas británicas. En 1687, el rey de Dinamarca Cristián V autorizó el comercio en la ciudad. Antes de esa fecha, el contrabando estaba en pleno auge y las autoridades danesas tenían grandes dificultades para hacer respetar el monopolio del reino. La población creció rápidamente durante los siglos XIX y XX, pasando de 92 habitantes en 1801 a más de miel en la actualidad. Es el puerto más activo de la región y sigue dependiendo de la industria pesquera.

HELLISSANDUR

Hellissandur es el primer pueblo con el que te encuentras tras atravesar los campos de lava, el regreso a la civilización. A la entrada de la localidad, verás una antena metálica, una de las más altas del mundo. El viento agita con fuerza la parte superior. Para pintarla de rojo y blanco, contrataron a unos indios estadounidenses acostumbrados a limpiar los cristales de los grandes rascacielos, es decir, poco propensos al vértigo. Pero cuando llegaron a la mitad, se negaron a continuar porque consideraban que era demasiado peligroso. Al final, fue una joven de dieciocho años, residente en Hellissandur, la que terminó el trabajo: ¡ganó suficiente dinero para no tener que trabajar nunca más!

PARQUE NACIONAL DE SNÆFELLSJÖKULL

Este parque abarca el extremo de la península y rodea el Snæfellsjökull, el «glaciar de la montaña de nieve», que cubre un estratovolcán ya extinto y da nombre al parque y a la península. Está considerado como el glaciar más bello de Islandia. En un día despejado, su cima de 1448 metros puede verse desde Reikiavik. La superficie del glaciar, de solo 11 km², no ha dejado de reducirse desde finales del siglo XVIII, cuando comenzó el calentamiento global. Dentro del parque se pueden hacer múltiples excursiones para disfrutar de paisajes muy variados.

HELLNAR

Al igual que Arnarstapi, este pequeño pueblo se halla en un extraño paisaje conformado por la lava que, según se cree, esconde viviendas de elfos, y junto a la costa. Alberga una gran colonia de gaviotas tridáctilas.

ARNARSTAPI

Situado cerca del también famoso pueblo de Hellnar, Arnarstapi es una visita obligada si vas a la península de Snæfellsnes. También es un lugar muy popular entre los excursionistas que desean descubrir las vastas exten-

El museo marítimo de Hellissandur está instalado en casas cubiertas con hierba.

© ZEBRA-STUDIO – SHUTTERSTOCK.COM

VISITA

Búðir.

siones de Islandia. No debes perderte la excursión desde Hellnar a Arnarstapi. Empieza en la cafetería Fjöruhúsið, con sus tranquilas vistas de los acantilados, para tomar el sendero de 2,5 km que bordea el mar hasta Arnarstapi. Es una buena oportunidad para contemplar las aves que anidan en las rocas y dejarse hipnotizar por la impresionante fuerza de las olas que rompen contra las rocas de lava negra: ¡maravillas de la naturaleza!

BUÐIR ⭐

Búðir se encuentra no muy lejos del lugar donde se cruzan las carreteras 574 y 54.

La aldea cuenta con una pequeña iglesia de madera pintada de negro, situada al borde de un campo de lava, una antigua posada convertida en hotel y un pequeño cementerio donde todo el mundo *soñaría* con ser enterrado.

La lava proviene del cráter Búðaklettur, en el centro de la península. Es un lugar muy tranquilo, a pesar de la gran afluencia de turistas, atraídos por la iglesia, que es muy conocida. Las rocas negras emergen entre las dunas de arena clara, la cabeza lisa de alguna foca asoma entre las aguas oscuras y la larga playa de Búðavík está muy cerquita.

BORGARNES Y ALREDEDORES

La ciudad de Borgarnes, que carece de un puerto como tal, está totalmente centrada en el comercio y la industria, como demuestra el polígono industrial situado en la entrada de la localidad. La carretera hasta la capital es excelente y atraviesa un paisaje de montañas enteramente recubiertas por una gruesa alfombra de terciopelo verde, con manchas de color marrón rojizo allí donde la tierra aparece desnuda. En algunos lugares emergen rocas dentadas, tapizadas de líquenes verdosos de una curiosa luminiscencia.

BORGARNES

Con una población de más de 3500 habitantes, la ciudad de Borgarnes se encuentra a 66 km al norte de la capital y a 25 km al sur de Akranes. La economía local se basa en la industria, el comercio y el turismo, por lo que, además de entretenerte, aquí podrás encontrar tiendas de proximidad donde hacer tus compras. Hay un museo de la colonización, que ofrece un recorrido por la historia del país, así como un museo regional para comprender mejor el pasado de la ciudad. Cuenta con un agradable entorno natural, a pesar de su vertiente industrial, que se concentra en el polígono ubicado en la entrada de la localidad. Rodeada de glaciares y montañas, ofrece bonitas excursiones, sobre todo en el Parque Natural de Einkunnir.

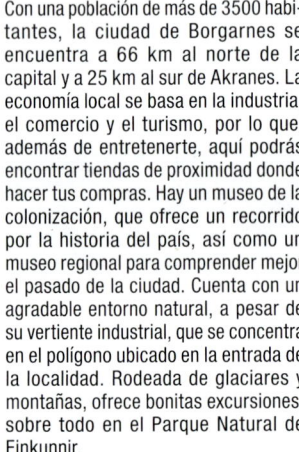

© STÉPHAN SZEREMETA

Borgarnes.

■ MUSEO DE BORGARFJÖRÐUR

Bjarnarbraut, 4-6
☏ +354 433 7200
www.safnahus.is

En el museo se expone una pequeña colección de diversos objetos sobre el folclore de la región, el arte, la historia natural… Las dos exposiciones permanentes están dedicadas a las aves y a la infancia islandesa del siglo pasado, presentadas con una cuidada escenografía y muchas fotografías. Las leyendas están escritas en inglés e islandés, pero puedes pedir explicaciones a los propietarios, siempre dispuestos a contarte un sinfín de historias. En el lugar también encontrarás una biblioteca y una sala de archivos.

■ THE SETTLEMENT CENTRE (LANDNÁMSSETUR ÍSLANDS) ⭐⭐

Brákarbraut, 13-15
☏ +354 437 1600
www.landnam.is

El edificio, uno de los más antiguos de Borgarnes, está situado en el extremo de la península. Calcula un par de horas para disfrutar de las dos exposiciones. La primera, un proyecto multimedia, presenta a los primeros habitantes de la isla. La segunda está dedicada a la *Saga de Egil Skallagrímson,* una de las más importantes de la literatura islandesa. Hay audioguías en español. El museo cuenta también con un restaurante bastante decente, aunque con un servicio un tanto apresurado a veces, y con una tienda de artesanía.

REYKHOLT ⭐⭐

Detrás de este nombre tan común en Islandia descubrirás un valle glaciar en las tierras interiores de Borgarfjörður y la antigua granja del famoso Snorri

© BIKEMP – SHUTTERSTOCK.COM

Reykholt.

Sturluson, autor de la *Edda prosaica,* la *Heimskringla* y de algunas de las sagas islandesas. Hoy, Reykholt es uno más de los pequeños pueblos islandeses ubicados en un hermoso paisaje geotérmico. Snorralaug (el baño de Snorri) es una pequeña piscina primitiva que data de la época en que el gran escaldo vivía en Reykholt. La piscina se alimenta de un pequeño acueducto que trae el agua desde Skrifla, una fuente termal cercana. También te resultará interesante su curiosa iglesia, bellamente diseñada con sus líneas rectas.

■ SNORRASTOFA REYKHOLT

© +354 433 8000
https://snorrastofa.is/en/

En un complejo de edificios cercano a la iglesia, encontrarás una exposición sobre el historiador y escritor de sagas Snorri Sturluson. El lugar también alberga los resultados de las excavaciones arqueológicas realizadas en los alrededores y mucha información, lo cual es muy interesante cuando te gusta indagar en el pasado. El museo cuenta con una tienda de artesanía y una librería bien surtida. Podrás acceder a visitas guiadas breves en inglés por un coste adicional. La iglesia cercana sirve de escenario para un festival de música clásica que tiene lugar cada verano a finales de julio.

HÚSAFELL

Húsafell se encuentra al norte de la carretera 550, que atraviesa Kaldidalur, el «valle frío». Se trata de una depresión desértica que se extiende entre los glaciares Okjökull y Þórisjökull, al suroeste del casquete glaciar del Langjökull. El Kaldidalur era uno de los principales caminos de montaña utilizados en la época de las sagas, y los colonos lo utilizaban para llegar a Þingvellir, al Parlamento. Húsafell fue antaño la diócesis del reverendo Snorri Björnsson (1710-1803), protagonista de numerosos cuentos y leyendas por su gran fuerza física y sus exorcismos. La leyenda cuenta que ayudó a 81 fantasmas a encontrar la paz eterna. También se dice que levantó una gran piedra de

180 kilos, conocida como *Kvíahella,* que aún puede verse en el lugar. El artista contemporáneo Páll Guðmundsson, que trabaja con piedra natural de la zona, expone sus obras al aire libre, como el *Monumento a los fantasmas.* Desde Húsafell se puede practicar senderismo. El alpinismo en glaciares también es muy popular en la región.

AKRANES

Con sus 6600 habitantes, la ciudad de Akranes está ubicada en una pequeña península frente a Reikiavik. Es el mayor puerto pesquero de Islandia. Ofrece todas las comodidades turísticas, aunque es poco original. Su proximidad a Reikiavik y las dificultades que originó la decisión de suspender la caza de ballenas la han sumido en una crisis de identidad. Y aunque mucha gente se marchó a la capital, en la actualidad Akranes es una de las pocas ciudades islandesas donde la población se mantiene estable. Los primeros colonos de la región fueron irlandeses, que llegaron a la isla antes que los vikingos, hacia el año 880, de ahí las jornadas irlandesas.

Pasear por la playa de Langisandur y contemplar la danza de barcos de arrastre es lo mejor que ofrece la ciudad. Pero tampoco hay que olvidar los museos. Frente al Museum Centre hay un monumento de granito, con una inscripción en gaélico e islandés, donado en 1974 por el pueblo irlandés a la ciudad para conmemorar el milenario de la colonización de Islandia. Esta obra simbólica recuerda que el lugar fue colonizado hacia el año 880 por dos hermanos irlandeses, Þormóður y Ketill Breason, antes de la llegada de los colonos vikingos, como sugiere el *Landnámabók* o *Libro de la colonización.*

■ AKRANES FOLK MUSEUM ⭐
Garðaholt, 3
☎ +354 433 1150
www.museum.is

Este complejo museístico, situado a un kilómetro al este del centro de la ciudad (lejos de Garðagrund), se ha convertido en un auténtico centro cultural y turístico. También encontrarás una oficina de turismo donde obtener información. No dejes de visitar el Steinaríkí Íslands (museo de minerales), una colección de minerales de la isla y explicaciones de fenómenos naturales, con una exposición sobre las obras del túnel bajo el fiordo de Hvalfjörður. Pero también tendrás a tu disposición exposiciones sobre el folclore local y nacional (pesca, trajes) o sobre el deporte en Islandia, además de una agradable cafetería.

© ISTOCKPHOTO.COM/SUBTIK

Cataratas de Hraunfossar.

INFO PRÁCTICA

Los baños en agua caliente natural de Islandia atraen a muchos turistas.

INFO PRÁCTICA

Dinero

- **Moneda:** corona islandesa
- **Tipo de cambio:** 1 euro = 147 ISK, 1000 ISK = 6,8 euros (enero de 2026).
- **Coste de la vida:** el coste de la vida es especialmente elevado en un país que depende en gran medida de las importaciones. Es uno de los países más ricos del mundo y, en consecuencia, tiene uno de los niveles de vida más altos.
- **Medios de pago:** las tarjetas de crédito son el medio más utilizado, seguido por el pago en metálico y los cheques de viaje.
- **Regateo:** Islandia no es, ni mucho menos, el paraíso de los que aprecian las largas discusiones sobre precios. Se paga el precio anunciado.
- **Propinas:** el servicio y los impuestos están siempre incluidos en el precio. Por tanto, no es habitual ni necesario dejar propina.

Equipaje

La isla es una tierra de clima cambiante, pero con una constante: el viento. Por eso es buena idea meter en la maleta ropa tipo Goretex, que tiene la ventaja añadida de protegerte de los chaparrones.

Electricidad

220 voltios y una frecuencia de 50 Hz. Sin problemas de compatibilidad.

© MARIJAV – SHUTTERSTOCK.COM

Islandia se puede visitar fácilmente en autocaravana.

QUÉ HACER / QUÉ NO HACER

▸ **Respeta la naturaleza,** no conduzcas fuera de las carreteras indicadas y limítate a las rutas señalizadas de los parques nacionales para evitar la destrucción de especies vegetales y animales que ya están al borde de la extinción.

▸ **No te dejes llevar por el irresistible impulso de golpear con el pie los pequeños montones de piedras** que te encuentres mientras vas de excursión. Se utilizan para indicar el camino a los viajeros y son patrimonio de la cultura islandesa.

▸ **No te burles de las creencias locales.** Parte de la población sigue creyendo en la existencia de trolls, elfos y otras criaturas, que los más cartesianos de entre nosotros jamás creeríamos.

▸ **No juzgues el modo de vida islandés por el exterior de sus viviendas.** Para muchos, el aspecto exterior de sus casas tiene poco interés. Los islandeses se esmeran sobre todo en el diseño interior para mostrar su personalidad.

▸ **Sigue los consejos que te den los lugareños.** La naturaleza en Islandia puede ser muy cambiante. Antes de ponerte al volante, conviene consultar las previsiones meteorológicas y el estado de las carreteras en las oficinas de turismo.

▸ **En las piscinas,** hay que lavarse desnudo antes de ponerse el bañador y entrar en el agua.

Formalidades

Para estancias inferiores a 3 meses, basta con el documento nacional de identidad o el pasaporte para visitar Islandia.

Idiomas

Además del islandés, los lugareños suelen hablar bien el inglés. Por eso, los turistas que hablen esta lengua no tendrán problemas para informarse y hacer amigos. Los que hablan danés u otras lenguas escandinavas también se desenvolverán con facilidad. El español no es una lengua muy conocida entre la población local.

Cuándo ir

La temporada turística alta va de junio a agosto. Ten en cuenta que fuera de este periodo, la mayoría de los campings cierran, al igual que muchas pensiones, los restaurantes no abren y la red de líneas de autobús por todo el país se reduce considerablemente.

Salud

No hay que tomar precauciones especiales antes de partir. No es necesario vacunarse para viajar a Islandia. No obstante, comprueba que tus vacunas estén al día.

Seguridad

▶ **Viajeros con problemas de movilidad.** Al igual que otros países nórdicos, Islandia está por delante de muchos otros países en cuanto a facilidades para las personas con discapacidad: acceso a aviones, autobuses especiales, hoteles, museos y oficinas gubernamentales. Sin embargo, dado que la isla es un destino al aire libre por excelencia, muchos elementos del turismo islandés no son accesibles para las personas con discapacidad, especialmente las que van en silla de ruedas.

▶ **Viajeros gais o lesbianas.** Aunque las parejas de gais y lesbianas no se muestran tan abiertamente como en las calles de Ámsterdam, Bruselas o Barcelona, los islandeses son muy tolerantes con los homosexuales. Por supuesto, el ambiente gay es más visible en Reikiavik (en otros lugares es un desierto, literal y figuradamente).

▶ **Viajar con niños.** Islandia, que como todos los países escandinavos se caracteriza por un alto nivel de infraestructuras y organización, se presta muy bien a viajar con niños. Sin embargo, como la principal baza del país es su impresionante paisaje, debes tener en cuenta que los niños pequeños quizá no estén tan encantados como tú, especialmente si tienen que soportar largas caminatas por senderos llenos de baches.

▶ **Mujeres solteras.** Viajar sola no es un problema en Islandia, uno de los países más seguros del mundo. Hacer autostop y pasear por la ciudad de noche es seguro. Sin embargo, debes tener en cuenta que el alcohol hace que algunos molesten más de la cuenta, especialmente los fines de semana.

Teléfono

▶ **Indicativo de país**: 354.

▶ **Para llamar desde España al Islandia**: 00 + 354 + las 7 cifras del número local.

▶ **Llamadas locales**: 7 cifras del número local.

▶ **Para llamar desde el Islandia a España**: 00 + 34 + el prefijo telefónico + las 6-7 cifras del número local.

Cascada de Öxarárfoss.

ÍNDICE DE CONTENIDOS

EDICIÓN

Coordinación de la colección:
ALHENAMEDIA, Stéphan SZEREMETA, Dominique
AUZIAS y Jean-Paul LABOURDETTE
Autores: Baptiste THARREAU, Antoine RICHARD,
Vanessa BUHRIG, Jean-Paul LABOURDETTE,
Dominique AUZIAS y otros
Director editorial: Francisco BARGIELA
Editora: Elena CODINA
Traducción y corrección: Antonio FERNÁNDEZ

DISEÑO Y DIAGRAMACIÓN

Maquetación y montaje: María de los Llanos
ZOTES, Romain AUDREN, Julie BORDES,
Delphine PAGANO
Iconografía y cartografía: Anne DIOT,
Julien DOUCET

AUTORES Y CREADORES DE LA COLECCIÓN

Dominique AUZIAS y JEAN-PAUL LABOURDETTE
© Textos: Dominique AUZIAS y Jean-Paul
LABOURDETTE
© Mapas: Petit Futé
© Edición en español: Alhena Fábrica
de Contenidos y Petit Futé
© Traducción: Alhena Fábrica de Contenidos
y Petit Futé

Editado por **Alhenamedia** conjuntamente con **Les
Nouvelles Editions de l'Université,** 18, rue des
Volontaires, París, Francia.

Publicado originalmente en francés por Les
Nouvelles Editions de l'Université bajo el título
Islande.

■ CARNET DE VIAJE ISLANDIA ■

ALHENAMEDIA
C/ Rabassa, 54, local 1. 08024 Barcelona
Tel. +34 934 518 437
alhenamedia@alhenamedia.info
www.alhenamedia.info

EU Ecolabel
www.ecolabel.eu
EU Ecolabel :
PT/053/001
RECOJA Y RECICL
EL PAPEL USADO

Cubierta: *Kirkjufell es una montaña aislada de
Islandia, en la península de Snæfellsnes*
© *Dieter Meyrl - iStockphoto.com.*
ISBN: 978-84-18086-76-2
Depósito legal: B-3309-2026
Impreso en España por Gráficas Lidergraf